sobre o ensino de literatura

FUNDAÇÃO EDITORA DA UNESP

Presidente do Conselho Curador
Mário Sérgio Vasconcelos

Diretor-Presidente
Jézio Hernani Bomfim Gutierre

Superintendente Administrativo e Financeiro
William de Souza Agostinho

Conselho Editorial Acadêmico
Danilo Rothberg
Luis Fernando Ayerbe
Marcelo Takeshi Yamashita
Maria Cristina Pereira Lima
Milton Terumitsu Sogabe
Newton La Scala Júnior
Pedro Angelo Pagni
Renata Junqueira de Souza
Sandra Aparecida Ferreira
Valéria dos Santos Guimarães

Editores-Adjuntos
Anderson Nobara
Leandro Rodrigues

PAULO FRANCHETTI

sobre o ensino de literatura

editora
unesp

© 2021 Editora Unesp

Direitos de publicação reservados à:
Fundação Editora da UNESP (FEU)
Praça da Sé, 108
01001-900 – São Paulo – SP
Tel.: (0xx11) 3242-7171
Fax: (0xx11) 3242-7172
www.editoraunesp.com.br
www.livrariaunesp.com.br
atendimento.editora@unesp.br

Dados Internacionais de Catalogação na Publicação (CIP) de acordo com ISBD
Elaborado por Vagner Rodolfo da Silva – CRB-8/9410

F816s   Franchetti, Paulo

Sobre o ensino de literatura / Paulo Franchetti. – São Paulo : Editora Unesp, 2021.

Inclui bibliografia.
ISBN: 978-65-5711-104-8

1. Literatura. 2. Crítica literária. I. Título.

2021-4471   CDD 809
                                                                                                          CDU 82.09

Índice para catálogo sistemático:

1. Literatura : Crítica literária 809
2. Literatura : Crítica literária 82.09

Editora afiliada:

Asociación de Editoriales Universitarias de América Latina y el Caribe   Associação Brasileira de Editoras Universitárias

SUMÁRIO

Nota prévia   *7*

1. O que fica do que passa:
    sobre o estudo e o ensino da literatura   *13*
2. Ensinar literatura para quê?   *27*
3. O cânone em língua portuguesa:
    algumas reflexões sobre o ensino de
    literatura brasileira e portuguesa no Brasil   *37*
4. Na sala de aula   *45*
5. Avaliação do mérito e crise das humanidades   *53*
6. Passado em revista   *93*

Referências   *101*

NOTA PRÉVIA

Quando pensei em reunir os poucos textos nos quais tratava diretamente do ensino da literatura, percebi a disparidade que até então tinha ficado oculta: passei a vida ensinando e me preocupando com o que ensinar e como ensinar. E escrevi pouco sobre isso.

De fato, embora a exigência da carreira universitária privilegie a produção escrita e promova uma espécie de mística do "pesquisador" em detrimento do "professor", sempre me defini em privado e em público como professor, como alguém cuja atuação principal é a sala de aula. Então por que dediquei tão poucas páginas ao que para mim era essencial?

Não há uma resposta fácil para essa pergunta. Mas a verdade é que, se não o fiz por escrito, pensar sobre por que motivo ensinamos literatura no ensino médio e na universidade foi sempre uma preocupação central ao longo da minha carreira acadêmica. E mais que uma preocupação teórica: foi um motor da busca da forma mais produtiva de trabalhar com a literatura em sala de aula e originou um esforço constante de reflexão e um contínuo exercício de aprendizagem por erros e acertos.

Muitos da minha geração e das gerações anteriores começaram como eu: no colégio. As questões relativas ao ensino, para quem teve de

8 | SOBRE O ENSINO DE LITERATURA

justificar o seu tempo à frente de uma sala de adolescentes interessados em outras coisas, nunca foram abstratas.

No meu caso, por muitos anos ensinei língua e literatura numa escola técnica da área da Química. Em cursos noturnos, frequentados por pessoas de mais idade, que já estavam no mercado de trabalho, e em cursos diurnos, nos quais a maioria era formada por jovens que não trabalhavam e estudavam em período integral, com dezenas de horas em laboratórios.

Mostrar a essas pessoas que, além de saber redigir, era bom conhecer literatura e que ler era algo importante, uma aprendizagem difícil, mas recompensadora, não era tarefa corriqueira.

Um facilitador, nesse caso, é que a escola de Química não visava preparar os alunos para o vestibular. Assim, o conteúdo tradicional de literatura estava ausente do currículo obrigatório. Um facilitador, eu disse e repito. Porque não existe nada pior do que brandir como justificativa para o estudo da literatura a ideia de que se trata ou de uma disciplina sobre a qual haverá provas ou de matéria do vestibular. Ou então, o que é quase a mesma desculpa, dizer que tais e tais livros são leitura obrigatória porque estão na lista desta ou daquela universidade. Nesse último caso, se, por um lado, a tarefa do professor é ilusoriamente facilitada (a responsabilidade pela escolha não é dele), por outro é dificultada, porque sua liberdade no trato com a literatura é brutalmente restringida, na medida em que suas atividades em sala de aula passam a ser dependentes de finalidade prática, reduzindo o conhecimento possível e a fruição das obras ao domínio de umas tantas informações sobre objetos específicos (e aqui é claro que o tipo de conhecimento convencional sobre um autor ou uma obra tende a se impor, já que se trata de preparação para exames) ou aos "macetes" para tirar boa nota, como se dizia na gíria.

Na escola de Química, não sendo obrigatório o ensino de literatura, ela podia ser ensinada da forma que parecesse melhor ao docente. Ou não ensinada. E a forma que me parecia melhor ali era: literatura é competência de leitura. E, se são muitos os caminhos que conduzem a uma leitura competente, sempre acreditei que todos passam pela fase do prazer de descobrir, de aprender, de compreender o que se lê.

Gostaria de poder registrar aqui aquele que foi meu primeiro trabalho apresentado em congresso, mais especificamente, no 5º Congresso de Leitura do Brasil: um relato sobre a experiência de organização da biblioteca escolar daquela escola técnica. Infelizmente, o avanço da tecnologia tem seu preço, e o arquivo, redigido sabe-se lá em que programa dos velhos computadores, perdeu-se quando os disquetes passaram a ser descartados como inutilidades, e não pude ou não soube providenciar a cópia de tudo que neles havia.

Nessa comunicação perdida, contava como pude organizar, na sala de Português, um Clube do Livro gerido pelos alunos. Foi uma experiência marcante: para se associar a ele, cada aluno pagava uma taxa anual. Recolhido o dinheiro, o representante de cada classe fazia circular entre os colegas um caderno, em que registravam quais livros gostariam que fossem adquiridos para leitura.

Claro que a maior parte dos livros pedidos pertenciam ao domínio da divulgação científica (por conta da natureza do curso) ou ao campo dos best-sellers, com destaque para histórias de suspense. Mas também havia pedidos de obras mais interessantes, e o professor sub-repticiamente incluía outras que julgava produtivas literariamente, embora não fossem solicitadas.

A forma de funcionamento era simples: quinze ou vinte minutos antes de terminar a aula, abria-se o Clube do Livro e os alunos administravam empréstimos, cobravam multas ou simplesmente pegavam um livro qualquer para ler naqueles minutos.

No texto perdido, apresentavam-se tabulações do número de livros emprestados, por ano e por classe, de modo a obter a prova do aumento de livros lidos ao longo dos quatro anos do curso noturno e dos três anos do curso diurno. Eram números impressionantes, que espantavam ainda mais quando se considerava o perfil técnico do curso e a demanda de tempo de estudo e trabalho em laboratório daquela escola.

Mas há algo que não estava nesse texto e que foi o ponto mais importante do trabalho que desenvolvi nos cinco anos em que lá trabalhei: a prática da leitura em voz alta.

Durante aquele tempo todo, em horas e dias não marcados, interrompia as aulas de língua para ler textos para os estudantes. Contos de Machado de Assis, de Guimarães Rosa, de Clarice Lispector, de Ernest Hemingway, crônicas de Rubem Braga, Fernando Sabino e de tantos outros. E havia também poemas, lidos ou reproduzidos a partir de gravações dos poetas.

Em todos os casos, priorizava-se apenas a leitura expressiva, pausada, e havia pouca explicação, apenas observações pontuais, quando necessárias, sobre vocabulário ou sintaxe ou repetição de algum trecho mais importante. O comentário era feito depois, na forma de conversa sobre o

SOBRE O ENSINO DE LITERATURA

lido e o ouvido. Mas o melhor sempre me pareceu deixar que os interessados fossem buscar as informações que quisessem sobre o autor, o livro ou o tema. Ou seja: sempre o mais importante foi o contato com o texto. Sem obrigações.

Vi muita gente emocionada, ouvindo com atenção. E minha impressão sempre foi a de que, para a maior parte, em algum momento, a literatura passou a ser algo relevante, fonte de emoção, prazer, riso, ternura.

* * *

Na universidade, mantive o que pude da forma de trabalho. Claro que as aulas no curso de Letras eram para outro público, em tese mais especializado. Mas o que pude confirmar é que a melhor forma de ensinar literatura continuava a ser a leitura comentada, nesse caso com mais profundidade, mas sempre com o cuidado de fazer o texto falar, em vez de falar dele e por ele. Por isso, a leitura em voz alta constituiu ao longo da minha vida acadêmica na Unicamp um ponto central de qualquer aula: mesmo quando o objeto era um texto crítico.

Agora, porém, uma questão maior se apresentava: eu estava ensinando aquilo para quem? Que preparação estava tentando dar àquelas pessoas que seriam professores de ensino médio ou estudantes de pós-graduação? E como fazer algo que fosse interessante e útil para qualquer desses destinos após a formatura? Ao mesmo tempo, o contato com as novas gerações me fazia revisitar a minha própria formação, em busca de apoio e estímulo.

Essas questões tento abordar em dois textos aqui recolhidos: naquele em que se pergunta por que estudar literatura e no breve apanhado sobre o que foi o estudo e o ensino da literatura durante o período em que eu mesmo me formava como intelectual. E ainda, de um ponto de vista mais testemunhal, na entrevista que fecha o volume.

Por fim, há uma experiência tardia, sobre a qual não redigi nada, mas que veio, em certo sentido, confirmar o acerto do caminho que escolhera. Trata-se de aulas dadas num curso de literatura para estudantes de ensino médio selecionados para um estágio de dois anos na Unicamp. Refiro-me ao Programa de Formação Interdisciplinar Superior (ProFIS).

O ProFIS é um programa inclusivo que convida os dois alunos mais bem colocados no Enem de cada escola pública de Campinas a fazer um curso de formação geral na Unicamp, com suporte didático e financeiro.

Ao final do período, esses alunos, com base na sua classificação, escolhem vagas oferecidas pelos institutos e faculdades da universidade.

A experiência foi divertida e, por isso, talvez valha a pena narrá-la aqui. Os alunos eram expostos a cada semana a uma disciplina diferente, sem saber previamente do que se trataria o próximo módulo. O professor subia ao estrado, se apresentava, dizia qual era sua especialidade e começava as aulas.

Quando entrei, imaginei o que iria acontecer. Fui até a mesa, esperei o burburinho cessar e me apresentei apenas escrevendo meu nome e e-mail na lousa para alguma dúvida futura. E esperei. A pergunta veio logo: qual a matéria? E, quando eu disse "literatura", um som bem alto, um evidente sinal de reprovação ou desconsolo, percorreu a classe de uma ponta a outra.

Não expliquei muito, nem me demorei. Disse que ia ler-lhes alguma coisa. E comecei a ler o conto "A mulher mais linda da cidade", de Charles Bukowski. A reação dos alunos foi imediata: ficaram centrados na história, riram nas cenas mais cruas, e o final pareceu chocar a muitos deles. Alguns pareciam mesmo emocionados. E ainda surpresos. Então aquilo era uma aula de literatura? Na Unicamp?

Disse-lhes a seguir que queria mostrar-lhes outra coisa. E lhes pus imediatamente Drummond a declamar o poema "Viagem na família". Ao final, havia quem chorasse disfarçadamente – como também choravam meus alunos da escola de Química quando lia para eles (também eu com a voz embargada) "A terceira margem do rio". Não sei se foi ainda nessa primeira aula que também li esse conto. Mas sei que o li em algum momento e que lhes expus a estrutura e expliquei a primeira parte de *Mensagem*, de Fernando Pessoa, e ainda lhes mostrei a maravilhosa estrutura da *Comédia*, lendo um ou outro episódio.

Como se vê, não havia ali nenhum programa, nenhum nexo de sentido entre um tema e outro. Mas era literatura. Variada, impactante, nova para eles. E aquelas poucas aulas ficaram para mim como uma lembrança feliz, sobretudo porque alguns estudantes escolheram prosseguir os estudos nessa área. Uma aluna, depois de concluir o trabalho final de curso do ProFIS sob minha orientação, um estudo da adaptação de *Dom Casmurro* feita por Luiz Fernando Carvalho, fez não apenas a graduação em Letras, mas ainda prosseguiu para a pós na mesma área.

Tudo isso que aqui registro tem apenas um objetivo: manifestar minha crença profunda de que a força da literatura está nela mesma.

Discipliná-la, formatá-la como disciplina escolar com vistas à transmissão de um conteúdo, qual seja a história literária ou a consciência nacional, é levá-la a um beco sem saída: o do saber burocrático, justificado por necessidade externa que não se sustenta (como se sustenta, por exemplo, a postulação de que é preciso saber matemática). Sem o impacto emocional, sem a experiência do novo, do desafio do entendimento, a literatura na escola, ainda mais nos tempos atuais, de onipresença do mundo digital e das redes sociais, é matéria morta.

Daí que também julgasse oportuno inserir aqui uma reflexão sobre o que acontece no estrato superior da formação literária, que é a universidade, com um texto sobre a questão da avaliação do mérito nas humanidades e suas consequências para o ensino. Porque é fácil atribuir exclusivamente a um motor externo a força que neste momento atua decisivamente contra as humanidades. Não há dúvida de que esse motor existe e é, hoje, no Brasil, muito poderoso, buscando ser letal. Mas a verdade é que a crise é anterior a ele. O texto que aqui apresento foi, inclusive, escrito antes do final de 2018. Por isso, não me parece restar dúvida de que, no enfrentamento cada vez mais necessário das políticas públicas nocivas e com o crescente descrédito da área na sociedade brasileira, temos feito pouco ao longo dos anos, além de protestos em círculos fechados ou de defesas que se articulam sobre um idealismo das ciências humanas que já não é nem convincente, nem eficaz para a opinião pública – nossa única possível (mas talvez não tão provável) defesa, em princípio. Especialmente agora, diante da barbárie eleita e aclamada nestes tristes tempos.

1
O QUE FICA DO QUE PASSA
SOBRE O ESTUDO E O ENSINO DA LITERATURA[1]

Quando consideramos a história do pensamento sobre a literatura ao longo do século passado no Brasil, um aspecto que logo chama a atenção é o espaço dado, nos jornais de ampla circulação, a debates acalorados sobre metodologia e pressupostos teóricos de crítica literária.

De fato, no Brasil de hoje, seria inimaginável que órgãos de imprensa abrissem suas páginas para longas polêmicas, como a conduzida por Afrânio Coutinho no fim dos anos de 1940 e início dos 1950, na seção "Correntes Cruzadas", no *Diário de Notícias*. Como se sabe, o ensaísta, formado nos princípios do New Criticism, movia um ataque sistemático à crítica histórica e à crítica jornalística. Sobretudo a esta última, que acusava de impressionista e não científica. O que estava em causa, portanto, além da propriedade deste ou daquele método acadêmico, era também a oposição entre, de um lado, a formação autodidata e a crítica entendida como atividade jornalística ou diletante e, de outro, a formação acadêmica e a crítica entendida como extensão dos resultados da pesquisa a um público mais amplo. O que não parecia estar em questão era o interesse do leitor de jornais por literatura e por crítica.

---

1 Publicado anteriormente em Chechinel (2016).

SOBRE O ENSINO DE LITERATURA

De fato, na década seguinte, o sonho de Coutinho (no que diz respeito à profissionalização e formação acadêmica do crítico) tornou-se realidade com a criação do *Suplemento Literário* do jornal *O Estado de S. Paulo*, em 1956. Em suas páginas, ao longo dos seus dez anos de existência, a literatura ocupou lugar central em textos que buscavam uma síntese entre seriedade acadêmica (isto é, informação rigorosa e reflexão fundamentada) e interesse informativo e de orientação do público amplo, vazados numa linguagem desprovida de jargão acadêmico e sem hermetismos.

No mesmo ano de 1956, o *Jornal do Brasil* deu início à publicação do *Suplemento Dominical* – outro espaço notável dedicado à literatura. Teve vida mais breve do que o *Suplemento Literário*, pois terminou em 1961, mas teve semelhante importância no quadro literário brasileiro, com o diferencial de que foi ali que as vanguardas dos anos 1950 encontraram ressonância e puderam não apenas apresentar as suas propostas a um público amplo, mas também difundir, por meio de traduções e textos críticos, o repertório de suas referências internacionais.

Finalmente, há que lembrar ainda que, no mesmo ano de 1956, criou-se a *Revista do Livro* (que circulou até 1970). Dirigida a um público especializado, trazia, entretanto, material semelhante ao dos suplementos (de onde, aliás, recolhia artigos).

Diante desse quadro, a pergunta que surge naturalmente é: a que público se dirigia essa produção crítica? Ou melhor: o que mudara no país para o interesse crescente, naquela década, pela reflexão marcadamente acadêmica sobre a literatura? Ou ainda, de volta ao início desta reflexão: o que permitiu que o que fora preconizado por Coutinho ganhasse corpo, ainda que não na direção por ele advogada?

Do meu ponto de vista, uma resposta possível é que esse público era constituído basicamente por professores e estudantes de literatura: é nesse momento que vivemos, no Brasil, uma enorme expansão do ensino universitário.

Como se sabe, a instituição universitária é muito tardia no Brasil. Diferentemente de outros países americanos, que têm universidades desde os anos 1500, a primeira universidade brasileira, a Universidade de São Paulo (USP), foi criada em 1936 – tendo como núcleo inaugural a Faculdade de Filosofia, Letras e Ciências Humanas. Em 1953, entretanto, já havia no Brasil quinze universidades (Havighurst; Moreira, 1965; Azevedo, 1963).

O QUE FICA DO QUE PASSA | **15**

No campo das Letras e Humanidades, houve também uma grande proliferação de faculdades: no conjunto, essas instituições formaram, nesse ano de 1956, nada menos do que 15 mil pessoas. Se considerarmos o número dos egressos em anos anteriores e a ele somarmos os de estudantes matriculados em cursos de humanidades, podemos constatar que se constituiu no Brasil, pela primeira vez em sua história, um público especializado, profissionalizado ou em vias de profissionalização na carreira do ensino, para o qual a literatura tinha importância central.

Some-se a isso o fato de que, num país sem muitos livros e quase sem pontos de venda fora das capitais, a década de 1940 foi marcada pela grande atividade editorial, inclusive com aumento da circulação de livros por meio de duas coleções notáveis de distribuição direta que contribuíram para formar as primeiras bibliotecas da classe média brasileira: a do Clube do Livro, lançada em 1943, e a Saraiva, que começou a ser publicada em 1948.

Ainda sobre instituições de preservação e difusão da cultura, foi igualmente frutífero o período entre a metade da década de 1940 e a metade da seguinte: o Museu de Arte de São Paulo (Masp) é criado em 1947, e o Museu de Arte Moderna (MAM) do Rio, em 1949. Além disso, em 1951 se realiza a primeira Bienal de Arte no país, no mesmo ano da criação do Conselho Nacional de Pesquisa (CNPq, atualmente Conselho Nacional de Desenvolvimento Científico e Tecnológico).

Voltando ao ponto de interesse deste texto, penso que podemos concordar com Wilson Martins, quando ele indica o ano de 1945, com o concurso de Alceu Amoroso Lima e de Antonio Candido, "o momento em que se iniciam entre nós, em plano verdadeiramente universitário, os estudos sistemáticos de Literatura Brasileira". E podemos acrescentar dois dos frutos mais notáveis desses estudos no final da década de 1950: a coleção *A literatura no Brasil*, dirigida por Afrânio Coutinho e cujo último volume saiu em 1959, e *Formação da literatura brasileira*, de Antonio Candido, lançado nesse mesmo ano.

Sobre o que foram os estudos universitários no Brasil nessa década, no que diz respeito à literatura, temos um depoimento precioso dado por Alfredo Bosi (1996), na introdução do *Leitura de poesia* por ele organizado.

Bosi graduou-se na USP em 1960, no momento seminal, portanto, que venho descrevendo. Lendo sua apresentação, acompanhamos a evolução e as modas que dominaram a universidade brasileira: o prestígio da Estilística e de Leo Spitzer, a permanência da explicação francesa de texto nos anos de 1940 e 1950 e a predominância do Estruturalismo a partir da década de 1960. Também se localiza nessa época, em concorrência com a maré montante do Estruturalismo, outra vertente crítica que teve e tem até hoje grande peso no campo dos estudos literários: a perspectiva materialista lukacsiana – que, na vulgata acadêmica, se denominava "leitura sociológica".

O panorama de Bosi praticamente termina no momento que conheço melhor, pois é o da minha graduação em Letras: os anos entre 1972 e 1976, quando ele escreve *O ser e o tempo da poesia*, e nos quais, nas suas palavras, "o estruturalismo e a dialética hegeliano-marxista já estavam cedendo lugar a um enfoque pluralista, descentrado, 'pós-moderno', do texto" – enfoque que Bosi identifica como propiciado pela leitura dos desconstrutivistas e pela hipertrofia da mediação textual como pressuposto de método. Desse momento em diante, posso dar meu próprio testemunho, que embasará as reflexões que tentarei apresentar adiante.

Em certo aspecto, minha experiência não foi diferente da de Bosi – talvez porque havia alguma inércia na propagação daquelas tendências. Em Araraquara também me marcou o método da "explicação de texto" francesa – por meio das obras da Classiques Larousse e dos volumes da Collection Littéraire Lagarde & Michard, além da bibliografia auxiliar das disciplinas. E tão forte foi essa formação que, até hoje, em minhas aulas, tenho a impressão de que reproduzo, de alguma maneira, as propostas de aproximação e as questões que me pareciam essenciais: "Mostrar como Nerval nos comunica um sentimento obsessivo de tristeza, de solidão e de abandono"; "Como se explica: a) o encanto da evocação? b) que nossa impressão dessa lembrança feliz se transfigure e ganhe um valor simbólico?" Ou ainda: "Mostrar como os versos curtos traduzem a tristeza e o desencorajamento. Apreciar os efeitos dos cortes sintáticos e *rejets* dos versos 52, 56 e 64".

Ao mesmo tempo, na disciplina Teoria da Literatura, líamos o livro de René Wellek e Austin Warren, que marcou época no Brasil, promovendo a crítica dos métodos que atenderiam à "demanda extrínseca do estudo da literatura" e valorizando aqueles que fomentavam seu "estudo intrínseco". Para a minha geração, esse livro foi importante, ainda que, em muitas ocasiões, tenha sido, como observa Alfredo Bosi, objeto de uma leitura "rasa e didática".

Olhando agora meu velho exemplar dos tempos da faculdade, vejo nas profusas anotações a lápis nas margens do capítulo sobre mito e metáfora (e em outros) o quanto a clareza do vocabulário e o rigor analítico da exposição foram um deslumbramento para mim. Como foi também muito importante outro manual, igualmente marcado pela perspectiva formalista, *Análise e interpretação da obra literária*, de Wolfgang Kayser, que desempenhava papel complementar ao de Wellek.

Naquele início dos anos de 1970, Wellek era o "teórico", Kayser era o "prático". Afirmando desde o prefácio a sua visada, escrevia o autor alemão: "uma obra de arte não vive nem deriva como reflexo de qualquer outra coisa, mas sim como estrutura linguística fechada e completa em si mesma" (Kayser, 1967, p.xvii). Os dois volumes eram, portanto, articulados à volta desse princípio: no primeiro, apresentavam-se métodos analíticos, conceitos fundamentais de análise formal; no segundo, discutiam-se temas mais amplos, como estilo e gênero.

Naquele momento, não percebia o antagonismo entre a lição do New Criticism e a explicação de texto. Pelo contrário: a ênfase na consideração da técnica e da composição me aparecia como um passo à frente, e não em outra direção. Creio que essa percepção não foi apenas minha, mas dos companheiros de geração – ao menos os mais próximos.

De fato, havia algo em comum, ao menos do ponto de vista prático, isto é, do trabalho com o texto em sala de aula, entre os dois métodos de resto tão antagônicos: tanto na *explication* quanto na nossa atualização do "*new criticism*", a ênfase estava no trabalho com o texto. Era a *close reading* que se sobressaía, a busca da compreensão da forma de apresentação do texto, da técnica literária, das características genéricas e do efeito produzido no leitor.

Alguns dos melhores professores que tive, e que procurei de alguma forma imitar nos anos posteriores, promoviam a síntese improvável, tendo como ponto de convergência a leitura produtiva do texto. A partir da análise, eles buscavam mostrar as articulações linguísticas genéricas e sua inserção no que então se denominava "movimento literário" ou "estilos de época". E mesmo a psicologia e a biografia (e até a filosofia ou o que mais fosse necessário) podiam ser convocadas para atingir o fim que se buscava, qual seja, a "compreensão do texto". Dito de outra maneira: uma vez posta a leitura analítica como principal função do estudo da literatura, era o objeto que determinava o tipo de informação e de estratégia interpretativa que deveria ser utilizado.

SOBRE O ENSINO DE LITERATURA

É certo que essa perspectiva se apoiava em uma crença: a de que a literatura é relevante socialmente e merece ser estudada não apenas pelo que pode valer hoje como objeto de prazer ou conhecimento, mas também pelo que valeu – e como valeu! – em seu próprio tempo. Isto é, a proposição subjacente a essa perspectiva é a de que a literatura é um conjunto de textos produzidos em épocas (e línguas) diversas, que merece o esforço de aproximação, entendimento e mobilização de todo o arsenal disponível para compreender as obras do ponto de vista mais complexo e abrangente possível. E está claro que essa perspectiva pressupõe a seleção de quais textos, por este ou aquele motivo, merecem maior investimento de leitura, análise e interpretação.

O primeiro abalo dessa perspectiva, que orientava não só a pesquisa universitária, mas sobretudo a atividade de ensino da literatura em vários níveis, veio em meados de 1970, com o estruturalismo e a linguística – esta última definida como "chave das ciências humanas", ciência do futuro, modernidade finalmente conquistada nos estudos da linguagem.

Nessa época, entre nós, artigos como os de Jakobson sobre "Os gatos" ou sobre um poema do livro *Mensagem*, de Fernando Pessoa, passaram a ser modelares. Os estudos de narrativas com base nas funções de Propp ou dos esquemas actanciais de Greimas deram o tom de muitos encontros acadêmicos. Testemunhei nas aulas do meu curso a súbita redução da perspectiva analítica eclética à busca de paralelismos e oposições que iam até o nível do fonema, bem como o predomínio dos gráficos e estatísticas com os quais se queria demonstrar a literariedade e talvez mesmo quantificá-la. A princípio, o estruturalismo não me agradou. Foi um choque ver meu velho professor de Latim converter-se completamente a essa nova perspectiva entre o primeiro e o quarto ano. Também fiquei chocado com as análises matemáticas que Jorge de Sena fez de *Os Lusíadas*, e causei escândalo em classe ao contestá-las apaixonadamente. A verdade, entretanto, é que depois também fui seduzido não só por Jakobson, mas principalmente pelos formalistas russos, no livro organizado por Todorov, fundamental para a minha geração.

Independentemente do mérito da perspectiva formalista, minha impressão é que seu triunfo na universidade brasileira promoveu uma mudança muito grande nas formas do ensino da literatura dentro e fora da universidade. Reproduzir o maravilhamento com a identificação da estruturação linguística de um poema parece ter-se tornado um objetivo em si mesmo. Assim como descrever a função de cada um dos agentes de uma dada narrativa ficcional, demonstrando a sua pertinência dentro de um quadro de referência. E, da mesma forma que o ensino da língua passou a se confundir por um momento com o ensino da linguística, o ensino da literatura parece ter-se confundido com o ensino da teoria da literatura e dos métodos de análise estrutural. A formação do repertório qualificado como um dos principais objetivos do estudo ficou em segundo plano. O mergulho na cultura da época como condição para compreender um dado texto distante no tempo pareceu desnecessário. A história literária perdeu interesse perante a história das formas, a ponto de, no horizonte do formalismo extremado, advogar-se a possibilidade de escrever a história da literatura apenas a partir da descrição das linhas de evolução formal, sendo desnecessária até mesmo a identificação do autor.

Nesse quadro, evidentemente, o ensino da literatura nos níveis fundamental e médio perdeu grandemente o interesse e a necessidade, pois a questão linguística e a compreensão da literariedade e das linhas de evolução formal de um dado tempo não necessitava, a rigor, da experiência demorada e contínua da leitura das obras. Nem se sustentava, como objetivo a ser atingido pela educação formal, a construção de um repertório de textos relevantes, do ponto de vista da história nacional ou da repercussão que obtiveram num dado tempo.

Em fins dos anos de 1970 e começo da década seguinte, o estruturalismo parecia ter-se tornado hegemônico em muitas faculdades de Letras. Nos últimos anos da ditadura militar, no entanto, a perspectiva sociológica e/ou marxista ganhou novo e amplo fôlego no país, a ponto de disputar nos quatro cantos do país, com maior ou menor sucesso e de acordo com o caso, a hegemonia com o estruturalismo.

Se tivesse de escolher um acontecimento emblemático dessa virada, elegeria como balizas os anos de 1974 e 1993. O primeiro porque é a data da crítica que Antonio Candido fez ao livro *Análise estrutural de romances brasileiros*, de Affonso Romano de Sant'Anna (Candido, 1974). Num artigo cujo objetivo é explicitado no título, "A passagem do dois ao três", o autor de *Formação da literatura brasileira* busca mostrar a limitação da perspectiva binária do estruturalismo e a vantagem da visada dialética. No ano seguinte, ele retoma a questão no II Encontro Nacional de Professores de Literatura, na palestra intitulada "Literatura – Sociologia: análise de *O cortiço* de Aluísio Azevedo" (Candido, 1976). Já a segunda data, 1993, é a do ano da publicação definitiva dessa palestra, já sem menção ao texto que, na primeira versão, se constituía como antagonista. De modo que, do meu ponto de vista, a publicação de "De Cortiço a Cortiço", em *O discurso e a cidade* (Candido, 1993), assinala simbolicamente a perda da centralidade do estruturalismo e o avanço da perspectiva sociológica – ou mesmo neolukacsiana – que terá o ponto alto em Roberto Schwarz e sua leitura de Machado de Assis.

A partir de meados da década de 1980, depois de uma experiência de trabalho no ensino médio, tornei-me professor da Universidade Estadual de Campinas (Unicamp). Minha percepção traz, portanto, a marca desse lugar onde passei a maior parte de meu tempo. O que observei dali foi uma mudança de paradigma, dentro do que, de modo generalizante, se denominava "crítica sociológica". Essa mudança foi a diminuição real do espaço eclético e a solidificação de uma doutrina, um método.

Em uma entrevista de agosto de 2011, Antonio Candido assim se definia: "talvez eu seja aquilo que os marxistas xingam muito que é ser eclético. Talvez eu seja um pouco eclético, confesso. Isso me permite tratar de um número muito variado de obras" (Candido, 2011, online). Nessa mesma entrevista, revelava o ponto de virada em sua carreira crítica, com o conhecimento do New Criticism:

> No começo eu era um pouco sectário, politizava um pouco demais minha atividade. Depois entrei em contato com um movimento literário norte-americano, a nova crítica, conhecido como New Criticism. E aí foi um ovo de Colombo: a obra de arte pode depender do que for, da personalidade do autor, da classe social dele, da situação econômica, do momento histórico, mas quando ela é realizada, ela é ela. Ela tem sua própria individualidade. Então a primeira coisa que é preciso fazer é estudar a própria obra. (ibidem)

A mudança a que me referi foi a apropriação desse paradigma eclético por uma visada marxista, para a qual o objetivo último da análise literária é a compreensão do movimento social. Refiro-me, é claro, a um dos lados da herança candidiana, que, para mim, teve como momento simbólico de afirmação a leitura que Roberto Schwarz, recém-contratado como professor da Unicamp, fez da obra de Candido no texto "Pressupostos, salvo engano, da Dialética da Malandragem", publicado em 1979.

Nesse artigo, ao comentar os "pressupostos" do ensaio de Candido, Schwarz, que dois anos antes publicara *Ao vencedor as batatas*, poderia ter feito a crítica justamente do ecletismo teórico de seu mestre – pois seu Machado não era evidentemente o mesmo. Não o fez, porém. Em vez disso, produziu uma homologia entre o seu próprio pensamento e o de Candido, afirmando como sucessão e desenvolvimento o que poderia ter sido mais propriamente formulado como diferença ou mesmo como negação.

Não vou fazer o comentário desse texto importante para o futuro dos estudos marxistas de literatura no Brasil, principalmente porque uma análise compreensiva dele já está feita por Alfredo César Barbosa de Melo (2014). Apenas gostaria de assinalar que a nova escola sociológica, que tem Roberto Schwarz como expoente e modelo, é de natureza muito diversa da de Candido, no que diz respeito ao interesse pelo que é propriamente literário.

Para deixar claro esse ponto, recorro ao livro *Na sala de aula*, no qual Antonio Candido (1985, p.5-6) expõe seus "pressupostos teóricos" no trato com as obras literárias. Em suas palavras: "Um desses pressupostos é que os significados são complexos e oscilantes. Outro, que o texto é uma espécie de fórmula, onde o autor combina consciente e inconscientemente elementos de vário tipo". Do que ele conclui: "Consequentemente, o analista deve utilizar sem preconceitos os dados de que dispõe e forem úteis, a fim de verificar como (para usar palavras antigas) a matéria se torna forma e o significado nasce dos rumos que esta lhe imprimir". E, como explicitação do ecletismo, queria lembrar a frase a seguir, que é um princípio de trabalho: "Ler infatigavelmente o texto analisado é a regra de ouro do analista, como sempre preconizou a velha *explication de texte* dos franceses. A multiplicação das leituras suscita intuições, que são o combustível neste ofício".

É a esse saudável ecletismo, sem pejo de reclamar a herança simultânea do *new criticism* e da *explication de texte*, que devemos o fato de as páginas de interpretação literária da *Formação da literatura brasileira* subsistirem com rendimento crítico que vai muito além e é independente do arcabouço argumentativo do volume – como as famosas páginas de introdução, geradoras de tanta polêmica ontem e ainda hoje.

Já na leitura dos textos de Schwarz e dos que o elegeram como modelo – e não foram poucos –, o texto é algo a ser decifrado ou equacionado em função de um quadro geral de descrição da sociedade. Todos os elementos identificados pela análise estão carregados de sentido em torno de uma tese representacional, que subsume os demais sentidos. O que importa ao crítico, mais do que a singularidade de uma obra e sua articulação com outras obras ou com a tradição que reivindica, é sua capacidade de equacionar o jogo de forças em dada sociedade. Por isso, o Machado de Assis de Schwarz não é o mesmo de Candido. Levando aos últimos desenvolvimentos a ideia lukacsiana de que o ponto de vista narrativo é um ponto de vista de classe, Schwarz destrincha os romances de Machado para expor a dinâmica brasileira e a teratologia da formação nacional, que conjugaria escravismo e liberalismo de modo muito particular. No fundo, é uma leitura predominantemente alegórica, capaz de ver em Capitu uma metáfora do Iluminismo.

Do ponto de vista do ensino da literatura, a perspectiva candidiana foi a que mais de perto me tocou. Meus melhores professores partilhavam desses pressupostos e eu mesmo, ao longo de minha vida, tentei me guiar por essa perspectiva. Já a interpretação de Schwarz, a julgar pelo que vi na Universidade de São Paulo (USP) e na Unicamp, produz um efeito semelhante ao do estruturalismo, uma vez que a obra é convocada pela análise como espaço de atualização de uma questão que a transcende e a determina. E esse efeito é que o texto parece dizer para o analista não algo como "Veja como eu sou e o que significo", mas "Eis o enigma – você trouxe a chave?"

No que toca a Candido e Schwarz (e aos que se guiam por um ou por outro), o que há em comum é o fato de que a literatura é considerada de grande importância para a compreensão do processo de formação nacional. Daí que ambas as obras desses autores – principalmente o primeiro – sofrerão a crítica desconstrucionista, que se encarregará de mostrar a teleologia da construção histórica e da própria escolha de temas, obras e autores.

No entanto, creio eu, o desbaste das postulações teleológicas e das partes analíticas que lhe são diretamente tributárias não afeta o valor, a pertinência e o caráter iluminador dos textos de Candido sobre os autores que comenta. Seu ecletismo lhe confere flexibilidade e poder de sedução que sobrevivem à mais dura crítica de seu arcabouço sociológico.

Aqui nos aproximamos do tempo presente, no qual o mais notável é a perda do lugar central ocupado pela literatura nos estudos das humanidades, em todos os níveis. Não precisaria dizer, mas digo: basta verificar o interesse que hoje despertam as discussões sobre método de crítica e ensino da literatura, bem como o número de páginas a elas dedicadas em jornais e revistas de grande circulação, e confrontar o resultado dessas análises com o que descrevi no começo deste artigo para perceber a enorme mudança que se operou em meio século.

É verdade que a perda da relevância pública da literatura pode, por um lado, ser explicada pela implacável crítica ao caráter ideológico dos cânones que se processou ao longo da segunda metade do século passado. A denúncia do caráter ideológico, de classe, etnocêntrico, falocêntrico etc. desse cânone promoveu, sem dúvida, alteração importante no campo dos estudos literários. Por outro lado, têm igual ou maior peso, para o tom deste momento, as alterações nas formas de produção da cultura e de sociabilidades, derivadas do enorme desenvolvimento da indústria cultural e das redes sociais. E ainda: a facilidade de acesso à informação, que traz, na ponta dos dedos, o que antes apenas o longo trato erudito e a familiaridade com os textos permitiam compilar.

Nesse quadro, ensinar a literatura como parte ou lugar privilegiado da formação nacional deixou de fazer sentido. Quase tanto quanto a ideia de formação nacional. Um ensino voltado à construção do repertório e capaz de instrumentar a leitura com dados da tradição literária começa a parecer pouco interessante, quando não improdutivo ou até mesmo inútil.

Ao mesmo tempo, nas últimas décadas, o desenvolvimento dos cursos graduação e pós-graduação foi bastante grande. O sistema de bolsas de estudo e investimento notável na pós-graduação formou centenas de mestres e doutores preparados para a desconstrução dos cânones ou para o trabalho especializado com arquivos, autores ou temas. Esse contingente, entretanto, não tem campo de atuação no ensino básico e médio, no qual a literatura ocupa espaço cada vez menor e tem importância garantida apenas pela permanência de obras canônicas nos vestibulares das universidades que ainda não adotaram o Sistema de Seleção Unificada (Sisu). E aqueles que conseguem atuar como professores de universidade têm como público estudantes que também não encontrarão lugar como docentes de literatura no ensino médio.

Por fim, por conta de alterações na forma de pensar e gerenciar a universidade e seus recursos financeiros, esses professores universitários não são primacialmente professores, mas pesquisadores. Deles se exige sobretudo produção de conhecimento novo na forma de publicações em revistas especializadas e livros.

Uma consequência direta desse quadro – e que talvez não caracterize somente a situação brasileira – é a profusão dos estudos chamados interdisciplinares, cuja avaliação de pertinência e competência é menos rigorosa. Já não se trata de literatura vista a partir de múltiplos pontos de vista, conforme a demanda do texto, mas de um recorte, uma linha de trabalho mais ou menos especializado que tem como objeto "a literatura *e* alguma coisa" – usualmente "alguma coisa" que exige uma formação específica que falta. Ou, para dizer como o velho António José Saraiva em conferência na Unicamp, trata-se de tentar conhecer algo recorrendo a outra coisa que conhecemos ainda menos.

Outra consequência notável desse estado de coisas, do meu ponto de vista, é a proliferação dos jovens doutores que se definem apenas como teóricos ou professores de Teoria – assim mesmo, sem determinante e com maiúscula.

A chamada Teoria é uma resposta eficiente à demanda produtivista e à perda de importância da literatura no conjunto dos conhecimentos universitários. Com a vantagem de não ser filosofia, o que demandaria conhecimento específico ausente no "teórico" que atua nas faculdades de Letras. Mas a real vantagem da Teoria é que ela permite gerar uma profusão de textos que se comentam entre si e que se destinam à comunidade de autores da própria Teoria. A moda, portanto, não tem pequena importância na definição seja dos temas, seja da linguagem. E a postura típica do "teórico" é falar sobre um objeto a partir de um ensaio de um autor em alta, de última moda, ou a partir de uma ou outra metáfora que se descubra no objeto ou se recolha de autor reconhecido no campo da Teoria.

A erudição, a contextualização, a recomposição da tradição interpretativa sobre o objeto perdem interesse. Como dirá um dos teóricos recentes, Richard Rorty ([s.d.]), o crítico forte é aquele que "não pergunta nem ao autor nem ao texto quais são as suas intenções, mas malha simplesmente o texto até tomar uma forma que serve os seus próprios propósitos".

A conjunção desses fatores torna a discussão sobre o ensino de literatura um tanto ociosa. Como também torna algo ocioso o debate universitário sobre a perda do relevo social da literatura, pois, depois de aceito o quadro, resta repetir, ampliar os pormenores, retomar o já sabido e o já conhecido.

Uma vez afirmado esse fato no interior da universidade e postulado que o trabalho literário consiste no desmonte das construções ideológicas sobre a literatura e sua história, a pergunta fatal é: por que o Estado deveria manter as faculdades de Letras? E se a resposta à pergunta ingênua e brutal "Para que serve a literatura?" for "A literatura não serve para nada", qual a justificativa para se demandar conhecimento literário dos postulantes a uma matrícula na universidade? E qual o sentido, finalmente, de formar professores de literatura?

Este, eu creio, é o momento atual. É certo que a questão que enuncio é mais ou menos sensível de acordo com o lugar. Mas não penso que esteja errado ao dizer que tenha ressonância entre todos os que trabalham hoje na área das Letras.

A solução para o que entendo como impasse não me parece residir na maior especialização do crítico e do professor, consubstanciada num discurso autorreferenciado e hermético para não especialistas. Tampouco creio que passe pelo que me parece ser hoje um movimento curioso e forte: o de a crítica ocupar o lugar da literatura, seja como prática, seja como interesse crítico. A solução passaria, isso sim, pela busca de um lugar novo para a literatura, no âmbito de uma formação humanística ampla, cuja preocupação central não fosse a formação de professores de Português ou de Literatura.

Para a conquista desse lugar, a erudição do professor e do crítico, a multiplicidade de interesses e o ecletismo de perspectivas de aproximação com o texto seriam as características mais importantes. O professor e o crítico seriam, antes de tudo, um professor de leitura, um profissional capaz de obter o maior rendimento da leitura de um texto literário com vistas à formação de um público culto, capaz de extrair do passado o diferente, o que ainda permanece vivo e o que já morreu, e de perceber no presente o que está em vias de deixar de ser ou de se renovar, ou ainda, com sentido diverso, o que é ressuscitado do passado.

E aqui finalizo este talvez muito longo depoimento, que possivelmente diz respeito apenas ao que tenho observado e feito no lugar que me coube no sistema universitário brasileiro. Minha esperança é que, por meio dele, outros possam, em situação diferente e aproveitando a experiência relatada, levar adiante a reflexão sobre o que me parece ser evidente para todos: a crise dos estudos universitários de literatura, sobretudo no ensino de graduação e de pós-graduação.

2
ENSINAR LITERATURA PARA QUÊ?

O tema que me deram foi "Por que ensinar literatura?" É uma questão que, feita neste contexto, pressupõe que a literatura seja e deva ser ensinada. Mas essa pergunta significa também que, por ser formulada, talvez haja alguma dúvida sobre a razão ou a forma de ensiná-la.

Para que essa questão se torne produtiva, creio que ela deva ser primeiramente desmembrada, destacando as duas pontas do processo: a primeira é contemplada quando perguntamos "O que se ensina quando se ensina literatura?"; a segunda, quando indagamos "O que se aprende quando se estuda literatura".

Há várias formas de responder a essas duas questões. A mais imediata é a afirmação do interesse próprio da arte literária, suficiente para justificar seu ensino, como o interesse pela música ou pela pintura justifica o ensino delas. Mas não é essa resposta que se busca aqui quando se formula tal questão. Outra maneira de responder é a ênfase na literatura como forma de conhecimento de outra coisa: estudo das paixões e dos movimentos do espírito; veículo de educação e de difusão de modos de comportamento adequados; cristalização de modelos de língua culta; acesso ao diferente (a outros ambientes sociais; a outros tempos – o romance histórico, ou o de atualidade de outro período quando lido

SOBRE O ENSINO DE LITERATURA

hoje; a outras formas de o homem se relacionar com a palavra; enfim, a outros costumes).

Para os que aceitam a segunda resposta, com o estudo da literatura se ensinaria e se aprenderia história, filosofia (Casais Monteiro dizia mesmo que o romancista é o filósofo do homem comum), arte (não são poucos os livros nos quais a arte é apresentada e discutida), formas da língua culta ao longo do tempo, psicologia (formas de comportamento e reação dos seres humanos em situações diversas) etc. Aqui se apresentaria uma singularidade da literatura: ela reuniria vários conhecimentos, uniria vários feixes de sentido que são objetos de ciências e disciplinas autônomas, como a história, a filosofia, a psicologia, a sociologia.

Não resta dúvida de que a literatura pode ser lida em busca desse tipo de conhecimento, mas isso garantiria, por si só, o interesse de mantê-la como matéria curricular? Não creio. Há muita literatura excelente que resiste a ser utilizada como instrumento útil para ensinar o que quer que seja de história ou de filosofia ou de geografia ou de sociologia. Ao mesmo tempo, é evidente que há interesse público no tipo de conhecimento que a literatura tradicionalmente forneceu, mas ela não é a única a fornecer esse conhecimento. A prova é o sucesso dos livros de história das mentalidades e da vida privada. A mim parece certo que esses livros de história, para o fim almejado por eles, são mais satisfatórios e econômicos do que a literatura: são escritos em linguagem moderna, contam com ilustrações, dados e documentos inacessíveis ou desnecessários aos escritores do passado. É mais fácil ler a história da vida privada no Brasil do que todos os romances de Alencar e do Machado. E, como os autores desse tipo de estudos também leram os romances do Alencar e Machado, é bastante grande a vantagem deles, enquanto documento histórico, sobre os romances.

Para que a literatura mereça ser objeto de grande investimento social, como é sua inserção no currículo escolar, é preciso que ela tenha um diferencial enquanto forma de conhecimento ou elemento formativo do cidadão. Ou seja, é preciso acreditar que uma pessoa educada na literatura obtenha uma perspectiva e uma formação que não seja dada integralmente pelo estudo de outras disciplinas ou pelo conjunto delas. Seria preciso, entretanto, identificar se há e em que consiste esse diferencial, antes de responder à primeira pergunta que fizemos.

Comecemos por uma afirmação que me parece fácil de demonstrar: ler um romance ou um poema (ou uma peça de teatro) proporciona mais do que conhecimento objetivo. O processo da leitura promove um deslocamento de perspectiva, um entregar-se a tudo que se move no texto, o que faz da literatura uma arte e não uma ciência, por mais que alguns textos literários – como no caso extremo de *Os Sertões*, por exemplo – se situem na fronteira de outros gêneros mais dedicados à exposição do conhecimento. Esse deslocamento, esse mergulhar no texto, na vivência dos sentimentos e das paixões que ele expõe, faz da literatura uma forma eficaz de convencimento, de moldagem de opiniões – fato reconhecido por todos os governos autoritários, que veem (e com razão) na arte – e na literatura em particular – uma ameaça à vontade de dominação.

Quando lemos um romance, por exemplo, nos colocamos na posição das personagens, julgamos suas ações, repudiamos ou aprovamos seu comportamento, nos identificamos ou sentimos repugnância por seus movimentos morais e espirituais. Como no cinema, experimentamos, ao acompanhar o enredo, emoções que não nos pertenciam originalmente, mas as sentimos até com mais intensidade do que as nossas próprias. Estamos ali mais livres. Contemplamos o drama, o ridículo, o desespero ou a alegria do triunfo sem um interesse particular. Nosso espírito se cola às palavras e pode experimentar integralmente aquilo que nelas se desenvolve.

Disse que a leitura de um romance é como se assistíssemos a um filme, mas há uma grande diferença entre um filme e um romance; como há entre um poema e a letra de uma canção; como entre uma peça teatral escrita e sua encenação. Na verdade, há muitas diferenças. Mas a maior delas é que o cinema é uma arte combinada: concorrem para o efeito geral a imagem, a palavra, a música, os ruídos, os efeitos visuais. Assim como a canção também é uma arte combinada: a palavra é sublinhada pela melodia, pela harmonia, pela entonação e pelo timbre da voz do cantor. E uma peça escrita é algo diferente de qualquer uma de suas encenações.

Por sua vez, a literatura – no sentido moderno – é a arte da palavra, falada ou escrita. Um romance ou um poema podem produzir emoção, riso e outras tantas respostas afetivas, apenas por meio da palavra. Ao depender apenas da palavra, a literatura teria menor poder de produzir prazer e emoção do que as artes que combinam a palavra com outros elementos? Não é o que a experiência mostra. Muita gente chora ao ler um romance, se emociona fortemente ao ler um poema, refina uma opinião e um sentimento ao ler uma peça de teatro. Por depender só da palavra, a literatura, na verdade, tem uma força que as artes combinadas não

30 | SOBRE O ENSINO DE LITERATURA

possuem. Ela abre um espaço enorme para a projeção do leitor. De fato, tudo depende da imaginação: um rosto, por mais que seja pormenorizadamente descrito, é diferente para cada leitor; como o é também o tom de voz de uma personagem, uma paisagem, um ruído da guerra, o som de um grito ou de um encontro amoroso.

Mallarmé (1979, p.368) escreveu certa vez: "Eu digo uma flor! e [...] musicalmente se eleva, ideia mesma e suave, a ausente de todos os buquês". Assim também as personagens, as exclamações, as imagens de um poema, o ritmo dos eventos de uma peça teatral ou de uma novela se erguem musicalmente na mente do leitor, isto é, pelo som e pelo sentido das palavras. Da mesma forma, a mulher amada, o filho ingrato, o prado florido, a fábrica insalubre – enfim, o mundo das coisas e das emoções – se erguem na mente do leitor como ideia, sem que ele tenha necessariamente que lhes atribuir uma referência, sem que ele tenha de concretizá-los.

A experiência comum se dá quando vemos um filme sobre um livro que nos apaixonou ou quando deparamos com uma edição ilustrada de um livro de que gostamos e que tínhamos lido sem ilustrações. A concretização do rosto, do traço, a associação com uma voz real é perturbante; mais ainda o é a presença de tudo aquilo que desaparece durante a leitura.

Quando lemos a descrição dos olhos de Capitu, não pensamos que ela tenha mãos. Nem pés. Nem no vestido que ela estaria usando. Muito menos somos compelidos a lidar com outras particularidades, como brincos, cor do cabelo, maquiagem etc. Não há mais nada do que imagens que se juntam para dar a ideia daqueles olhos. Mas, quando se filma ou se desenha Capitu com traço realista, todas as coisas não nomeadas no texto do Machado (partes do rosto, do corpo, do ambiente) acompanham aqueles olhos, empanam seu brilho, enfraquecem sua força. É impossível que uma representação pictórica dos olhos de Capitu consiga ter, sobre um leitor de *Dom Casmurro*, impacto semelhante ao dos trechos do romance em que eles são descritos. Da mesma forma, não é possível uma representação pictórica de uma sonata. (Mas isso é óbvio, dirão alguns. E terão razão. Nem por isso é menos importante frisar o que estamos dizendo, pois daqui decorrerá uma primeira resposta à questão do "Por que ensinar literatura?")

Voltemos um pouco mais a atenção para o processo da leitura. O que acontece ali? O leitor por acaso decifra palavra por palavra? Não, por certo. Ele voa sobre elas, buscando ao mesmo tempo o sentido do conjunto e o tom do trecho e do livro. Ele precisa entender se uma passagem é dita em tom irônico ou jocoso. Precisa perceber os sentidos que se formam além das palavras, pela alusão a eventos históricos, a outros textos, a costumes. E precisa fazer ainda muitas outras operações complexas de interpretação, com base apenas no texto escrito, nas palavras que se sucedem em linha reta nas páginas. Além de perceber o ritmo das frases e a justeza ou o inusitado das imagens tanto na poesia quanto na prosa. Esse leque de capacidades não é algo trivial. Não é fácil dominar o conjunto complexo de habilidades que permite ao leitor ter pleno acesso ao prazer e à emoção que um bom livro pode oferecer.

A fruição mais rica da literatura pressupõe ainda um exercício amplo de cultura, naquilo que ela tem de relação com o passado, de continuidade, de ponte a transcender os limites do tempo e as formas da sensibilidade do presente.

Embora estejamos acostumados, por conta do estudo das vanguardas do século XX (ou mesmo do Romantismo), a pensar que a literatura vive da ruptura com o passado, é bem o contrário o que se sucede de fato. A forma específica de significação literária pressupõe todo o tempo a continuidade ou a oposição ao passado. De tal maneira que é o passado que dá sentido ao presente da literatura. Uma obra solta no tempo não tem significação literária, no sentido que damos a essa palavra hoje.

Um texto tem muito de um gesto feito em situação específica. Seu sentido também deriva, em grande parte, de uma série de fatores. Era um gesto esperado? Era apropriado? Tinha alguma nuance específica? Foi feito da maneira correta?

No caso do gesto, a resposta já demanda conhecimento das situações e dos valores envolvidos. Mas, quando falamos de literatura, essas perguntas exigem conhecimento mais amplo, que a obra implica, sem necessariamente indicar de modo claro que o está fazendo. Por exemplo: quando lemos, em qualquer texto literário, a expressão "coisas que juntas se acham raramente", temos duas opções: ou a lemos pelo seu valor de face, isto é, pelo seu sentido imediato de que duas coisas raramente se encontram juntas, por serem incompatíveis ou por serem raras; ou a lemos como alusão, intertexto ou citação.

Para quem conhece *Os Lusíadas*, a frase nunca pode ser neutra. Ela ocorre quando Camões, após exortar o rei D. Sebastião a se rodear de guerreiros e empreender a guerra pela fé, fala de si mesmo nestes versos, no fim do poema:

SOBRE O ENSINO DE LITERATURA

> Mas eu que falo, humilde, baxo e rudo,
> De vós não conhecido nem sonhado?
> Da boa dos pequenos sei, contudo,
> Que o louvor sai às vezes acabado.
> Nem me falta da vida honesto estudo,
> Com longa experiência misturado,
> Nem engenho, que aqui vereis presente,
> Cousas que juntas se acham raramente.

Ora, sabemos qual foi o destino de D. Sebastião: desapareceu na guerra que Camões o aconselhou a empreender. Sabemos também que, dois anos após sua morte, a Coroa portuguesa uniu-se à espanhola. E sabemos ainda que Camões viveu seus últimos anos com grandes dificuldades e nunca foi encontrado com certeza o túmulo em que foi enterrado. Ora, tudo isso – a vida do poeta, o reinado trágico de D. Sebastião, a maravilha que é o poema camoniano, o tom específico do soldado poeta erudito – vem à mente de imediato para o leitor educado na leitura daquela simples frase.

Se for um poema satírico que a utiliza, o efeito é de contraste. No registro baixo da sátira, o verso emblemático da consciência camoniana do seu valor apareceria profanado, e responderia pelo riso que provoca, em literatura, a inadequação entre o que se diz e a forma como se diz. Se for um poema outro, o efeito varia – da emulação com o gênio da língua à comparação da sorte desgraçada dos poetas, mesmo vivendo em outras épocas e ambientes. Mas tudo isso só pode ser percebido se o leitor conhecer o passado, seus monumentos, se puder reconhecer a alusão, a intertextualidade ou a citação.

Para funcionar, a literatura não segue em mão única. T. S. Eliot e Jorge Luis Borges já se encarregaram de nos mostrar como uma obra-prima do presente produz um redimensionamento do passado. Isso porque o passado não está morto, mas é sempre vivificado pelo presente; ele não fornece apenas matéria para o presente, mas o estrutura e é redefinido por ele. A tradição, isto é, a continuidade, é um dos elementos de significação mais importantes da literatura. Mas, ao mesmo tempo, quando uma nova obra reconfigura um tema, uma forma de organizar o texto ou de representar o mundo, o olhar do presente percorre o panorama do passado e ali vê o que estava apagado ou não potencializado.

Foi assim que Kafka criou seus precursores, no dizer de Borges. Quando lemos o autor austro-húngaro, a força e a individualidade de sua literatura nos comovem, nos conquistam. E, quando olhamos para o passado, nos agrada reconhecer formas que, embora não tivessem em seu tempo, nem de longe, o mesmo sentido que a obra de Kafka tem no nosso, se parecem com ela, parecem tê-la preparado. O Surrealismo conheceu o mesmo movimento: descobriu precursores em pintores que nada tinham de surrealistas e pelos quais nosso interesse também aumentou. Por fim, o amor por John Donne deve muito ao prestígio da obra de Eliot e, entre nós, o gosto por Sousândrade e pelas traduções de Odorico Mendes, aos poetas concretos. A literatura é, pois, uma forma de ligação com o passado, uma forma de revivificá-lo, de aprender com ele e, mas mais que isso, de nos apropriarmos dele, de nos colocarmos como seus herdeiros. A literatura fala pelo passado e faz o passado falar pelo presente.

É compreensível, portanto, que a literatura tenha sido vista, ao longo dos tempos, como um dos elementos principais da civilização, isto é, a continuidade, a herança e a atualização do passado no presente. E, se no patrimônio do passado incluirmos as línguas clássicas e as línguas nacionais que, a partir do século XIV, começaram a se tornar línguas literárias, então fica ainda mais fácil compreender por que, entre todas as artes, foi a literatura a que mais se identificou com os conceitos de cultura, civilização e nacionalidade.

Ensinar literatura, portanto, em sentido amplo, é criar condições para que o estudante, o leitor em formação, possa tornar-se ele também um herdeiro desse manancial. Isso não tem uma implicação simples, mas muitas e complexas. Tornar-se herdeiro significa não só poder compreender, mas poder vivenciar em si mesmo o passado. Isso inclui poder deslocar sua perspectiva temporal sobre vários assuntos, de modo a compreender que quase nada de "natural" existe no comportamento e nas instituições humanas, que quase tudo é cultural, ou seja, que quase tudo muda ou pode ser mudado de forma radical. Por meio da literatura aprendemos, sim, muitas coisas, sobretudo a relativizar certezas, a contemplar possibilidades (e limitações) de realização humana ao longo do eixo temporal ou espacial. A literatura ensina a historicidade das formas de sensibilidade, convocando o que ainda permanece e o que já não permanece vivo em nós; o que nos rege desde o mundo dos mortos porque ainda é vivo e o que nos rege desde lá sem nenhuma razão para isso.

Proponho agora abandonar (ou substituir) a questão sobre o motivo pelo qual a literatura merece ser estudada e ensinada. Está claro que,

34 SOBRE O ENSINO DE LITERATURA

para mim, ela o deve porque é um fator de civilização, uma forma privilegiada de convívio com o passado e com a tradição que fala em nós e por nós. O que eu gostaria de interrogar é por que razão a literatura não merece ser ensinada; ou melhor, como ela não precisaria ou não deveria ser ensinada.

Aqui a tarefa é bem mais fácil. Creio que ela não precisa ser ensinada como história, como sociologia, como linguística, como geografia, como política, como economia etc. Ela pode ser usada para ensinar todas essas coisas, mas quem estuda isso não estuda, a rigor, literatura. De fato, de que vale ler *Dom Casmurro* apenas em busca dos índices da situação social das personagens ou do estatuto do agregado na sociedade brasileira? O romance é apenas mais um documento sobre o assunto. Um documento entre tantos a partir dos quais se pode construir uma descrição do período e dos agentes sociais. Provavelmente não o melhor, pois o romance está consagrado principalmente pelo investimento estético. Lê-lo apenas como documento ou como indício de fatos da realidade datada é deslê-lo como literatura. Se o leitor de *Dom Casmurro*, por exemplo, não se deu conta da amargura do ciúme, se não percorreu o caminho da angústia e não descobriu a ponta de loucura ou a miséria moral do narrador, se não se divertiu ou se admirou com a profusão de referências cultas que enxameiam a prosa de Bento Santiago, terá mesmo lido literariamente o livro?

A literatura tampouco merece ser ensinada como um mundo fechado, de um ponto de vista classificatório, como se ensina a classificação dos insetos em biologia. De fato, de que pode valer a um aluno saber por alto que o barroco são sombras e contrastes, que o arcadismo são pastores e deuses, que o romantismo é a noite e o amor infeliz e outras coisas do gênero? E de que adianta ao cidadão a habilidade de examinar um texto e dizer se ele é árcade, romântico ou barroco, se esse mesmo cidadão não consegue rir com as sátiras de Gregório e Bocage, nem se comover com os poemas doloridos de ambos; se não se emociona com o brilho da língua do padre António Vieira; se não chora ao ler um grande romance realista ou romântico; se não testa os limites do confessionalismo como forma de produzir emoção. De que lhe valeriam aquelas habilidades?

Equacionada nesses termos a pergunta que me foi formulada, finalizo por uma constatação e por um apelo. A constatação é que a literatura é uma das fontes principais do vínculo com o passado e da sua projeção no futuro, uma das formas de tornar o presente menos prisioneiro de si mesmo e da dose de cegueira que acomete cada época, quando olha para si mesma. Por isso, julgo que haja muita relevância na nossa função de ensinar literatura, especialmente aos jovens. Já o apelo é que tenhamos em mente a grandeza da tarefa e a complexidade do que precisa ser feito para construir uma verdadeira educação literária. Ou seja, o apelo é para que não nos curvemos à ignorância dos que não têm essa formação e não compreendem o que dela pode advir; é para que resistamos a eles, mostrando com nosso exemplo de leitores o que é ser educado em literatura e como isso é fonte de conhecimento e prazer; e, sobretudo, o apelo é para que não barateemos nosso trabalho, não tornemos a literatura apenas um veículo para outros conhecimentos ou um campo desinteressante de discurso sobre qualquer coisa, de definições e classificações vazias que tentam em vão substituir ou anular a vivência e a complexidade da leitura.

3
O CÂNONE EM LÍNGUA PORTUGUESA

ALGUMAS REFLEXÕES SOBRE O ENSINO DE LITERATURA BRASILEIRA E PORTUGUESA NO BRASIL[1]

A pergunta sobre o lugar da literatura portuguesa no ensino médio e universitário do Brasil deve ser formulada e respondida com o rigor que a gravidade do momento exige. De fato, está em questão não apenas o lugar da literatura portuguesa nos currículos escolares, mas também o da literatura brasileira. No limite, talvez esteja mesmo em questão o lugar da literatura *tout court*. Assim, para que a discussão não se esgote em protestos humanistas (que podem ser tão legítimos quanto são frequentemente ineficazes como argumentos, tão logo se saia do círculo dos que estão dispostos a formulá-los), creio que é preciso delimitar claramente os termos em pauta.

---

1 Este texto – originalmente publicado na revista *Voz Lusíada*, São Paulo, n.18, jul./dez. 2002 – foi produzido no âmbito dos debates que levaram à reformulação completa do curso de licenciatura em Letras e à criação, em 2006, do bacharelado em Estudos Literários da Unicamp. Nesses dois cursos – pela primeira vez na universidade brasileira, pelo que me consta –, extinguiu-se a obrigatoriedade do ensino das literaturas nacionais, em favor do estudo comparativo entre literaturas de língua portuguesa e as produzidas em outras línguas.

Nesse sentido, a primeira distinção a fazer é quanto ao que se entende por ensino de literatura, pois, antes de saber se é preciso manter ou eliminar esta ou aquela rubrica ou sub-rubrica, parece-me importante compreender o que tem sido o ensino da literatura na maior parte dos cursos de Letras e na maioria das escolas de ensino médio.

Uma rápida visita aos programas de cursos universitários das mais prestigiosas universidades do país, complementada pelo exame dos livros didáticos de maior sucesso no mercado, permite constatar que ensinar literatura significa comumente ensinar "história literária". E ela, tal como tem sido ensinada nas escolas, raramente gera outra coisa além de habilidade classificatória.

Em uma escola de bom nível educacional, eis as etapas típicas de desenvolvimento de cada bloco de programa:

1. Em um primeiro momento, apresenta-se ao aluno um conjunto de traços literários, de procedimentos técnicos ou de temas, reunidos sob uma rubrica, como Arcadismo, Romantismo ou Realismo. O objetivo parece ser, em um segundo momento, fazer com que, dado um texto X, o aluno seja capaz de descobrir o "estilo de época" Y a que aquele texto pertence.

2. A seguir, identificados esses traços, passa-se a apresentar um conjunto de textos em que eles se encontram em evidência (nesse ponto, o organizador do livro ou apostila já tomou todos os cuidados para afastar textos e questões que não se enquadram no modelo...). O objetivo dessa etapa parece ser colocar a observação de um número razoável de textos a serviço da confirmação da pertinência e da importância dos traços com que se definiu o "movimento" ou a "escola" literária.

3. Por fim, o normal é explicar as "escolas", entendidas como conjunto de procedimentos, temas e textos, por meio de um "panorama de época", em que eles são postos em função de uma esquemática e superficial descrição da vida política e econômica do período.

Assim entendido, o ensino da literatura é parte do ensino de história. É história dos estilos de época, com atenção para os condicionantes sociais dos temas e das formas. Ensinar literatura, dessa maneira, é ensinar uma parte considerada importante da história do país.

Mas será mesmo assim? E, se for, por que ensinar a história literária e não a história do país e, dentro dela, incluir não só a literatura, mas também outras artes? Haveria algum conhecimento específico que se perderia se a literatura fosse absorvida pela história, dentro dos currículos escolares?

Apresentemos alguns exemplos concretos. Há algo que um aluno de ensino médio aprenda melhor estudando a história da literatura romântica brasileira do que estudando a história do período? É indispensável, para algum tipo de conhecimento útil ao cidadão, a leitura de obras como *A moreninha*, *Iracema*, *O guarani*, *Inocência*? O que se aprende lendo essas obras? Treina-se o gosto? Desenvolve-se a sensibilidade ou as habilidades linguísticas?

É possível que alguém responda que a leitura instrui deleitando. Que um aluno entenderá mais prazerosamente o feudalismo lendo *O bobo* do que percorrendo o volume correspondente da *História da vida privada*; ou que compreenderá de modo mais agradável e completo o que foi o período de Avis lendo *O monge de Cister* do que a *História de Portugal* de Oliveira Martins. Mas é difícil sustentar esse argumento, tanto do ponto de vista da abrangência e qualidade das informações históricas presentes nas obras literárias quanto do ponto de vista do prazer do texto, pois raramente a leitura de *Inocência* ou *A mão e a luva* parece ser um deleite para um estudante de 16 anos.

Também é possível que a resposta seja a de que o lugar da literatura é o lugar da experiência estética, e é, afinal, melhor que um aluno leia, seja sem prazer ou interesse, seja sem entender por que motivo deve fazê-lo, uma série de cantigas de amigo ou *O Ateneu* do que permitir que passe a adolescência sem ler nada disso.

Não faltará, por certo, quem argumente que o remédio amargo produz a saúde, ou seja, que a leitura de obras tais produz habilidades para ler outros textos; como também não deixará de aparecer o argumento de que ao professor cabe justamente despertar e estimular o gosto pela leitura, mesmo que esse despertar e esse estímulo tenham por instrumento objetos pouco eficazes para esse fim.

O argumento final, porém, se fará ouvir em algum momento, quando os anteriormente expostos não conseguirem produzir a adesão do estudante ou do adversário recalcitrante. E esse argumento é o da responsabilidade patriótica. Em sua forma básica, reza que o ensino da literatura é fundamental para que se afirmem os valores nacionais, pois faz parte da formação do cidadão compreender o caminho que o trouxe até o presente.

Contra essa sobrevivência da ideologia nacionalista romântica, que propunha o literário como domínio privilegiado para a manifestação, reconhecimento e defesa do "nacional", bastará justamente a descaracterização da literatura como "meio" para a obtenção do fim. Descaracterização essa que se faz afirmando que atualmente concorrem, para atender a esse mesmo objetivo e desejo, a história social, com a ênfase nos oprimidos e derrotados, a história das mentalidades e costumes, bem como as histórias narradas a partir de pontos de vista descentrados dos objetos canônicos, como as histórias das mulheres e das minorias étnicas. Como último reforço, bastará afirmar que as várias modalidades da história atendem a esses objetivos com uma grande vantagem sobre a literatura: a de serem vazadas numa linguagem atual e acessível, além de não terem de lidar com a espinhosa questão do valor estético, com a questão de valor tradicional implicada pelo discurso literário.

Ora, é justamente a questão do valor o que caracteriza a tradição e o fenômeno literários. Não tanto porque o estudo do cânone permite a formação de um "gosto" específico e especializado (sempre, por isso mesmo, um gosto associado a um determinado estrato social, a um determinado gênero ou etnia), mas principalmente porque o valor e as formas que o manifestam ao longo do tempo e moldam os hábitos cultos dominantes num dado momento presente só podem ser apreendidos "por dentro". Isto é, só podem ser apreendidos a partir do conhecimento e observação do cânone atual, da sua construção, das posições que nele ocupam autores e obras que, ao longo do tempo, se moveram, deslocaram, foram incorporados ou expulsos dos vários núcleos canônicos.

Um interesse específico dos estudos literários, assim, reside na análise das relações do gosto com o valor, na descrição das linhas de força pelas quais os objetos se hierarquizam e se distribuem num dado momento de tempo, bem como dos hábitos de ação vigentes nesse momento. E isso não porque essas linhas de força e hábitos de ação sejam objetos intermediários, testemunhos, reflexos ou sintomas de algo que as transcende e determina e que se chamaria "realidade" ou "contexto". Pelo contrário, porque elas mesmas *são* "realidade" e "contexto" (se quisermos continuar usando essas palavras), na medida em que determinam formas de sensibilidade, de compreensão, de representação e de ação. Nesse sentido, o estudo dos cânones (de seus valores, regras, gêneros, línguas, fórmulas) permite compreender de modo mais verossímil os parâmetros de cada época, permitindo que o analista fuja da falácia realista de

O CÂNONE EM LÍNGUA PORTUGUESA | **41**

tomar os textos como testemunhos desmarcados, simplesmente verdadeiros ou falsos, sobre "fatos" do passado. Pelo contrário, apenas a comparação de muitos textos pertencentes a um mesmo tipo ou registro permitirá compreender o que em cada um deles é comum, em que medida é comum, o que constitui uma novidade em relação aos predecessores e contemporâneos e o que, nisso, será aproveitado por outros, dando origem a outra forma, esquema ou uso de linguagem.

Como o valor canônico e as sucessivas apropriações dos objetos culturais por outros objetos culturais criam um lastro incontornável, que se manifesta nos juízos de valor e no próprio exercício das escolhas, não há objetos neutros no campo da cultura. O passado, assim como o presente, é construído a cada momento e a cada ação crítica, qualquer que seja seu objeto; é, portanto, sempre uma atuação direta sobre o cânone em contínua transformação. Postulando valores, afirmando ou negando (por meio do direcionamento ou promoção dos hábitos e do valor) as linhas esboçadas sobre o quadro do passado, a ação crítica é sempre uma ação interessada, que molda e põe em evidência os elementos do passado que sejam úteis aos objetivos e necessidades do presente.

Dessa linha de reflexão segue naturalmente a defesa do lugar dos estudos literários como domínio específico no quadro das humanidades, mas não percorre necessariamente a defesa do estudo das literaturas nacionais como séries relativamente estanques.

Na verdade, a aposta de que há algum interesse específico no estudo de uma série nacional, ou melhor, que há uma série literária nacional definida pelo clima, pela raça, pela paisagem, pela língua ou pelas determinações impostas pelo capital é uma das peças mais caras da ideologia romântica. Tão cara quanto a aposta de que o modelo de desenvolvimento da cultura seja o desenvolvimento de um organismo biológico, cujo nascimento, formação, maturidade e decadência pode ser compreendido como uma narrativa em forma de parábola. Igualmente importante no ideário oitocentista é a aposta ainda hoje hegemônica no Brasil: a de que a continuidade e a autorreferencialidade são sintomas de maturação de uma literatura nacional, especialmente no caso de países e culturas que se reconhecem como periféricos em relação a um grande sistema ideal, do qual estão excluídos em princípio ou incluídos apenas em limites estreitos, adequados às necessidades econômicas dos chamados países centrais. O estudo dos desvios do particular em relação ao geral, da diminuição, da irrealização ou da distorção dos padrões estéticos

SOBRE O ENSINO DE LITERATURA

canônicos nas zonas periféricas, é claro, constitui o filé desse tipo de abordagem que, pela forma e pelo objeto, pertence ao gênero da teratologia.

Nesse quadro, soa um tanto despropositado o argumento frequentemente ouvido (e triunfante já em alguns estados) de que a literatura brasileira deve ser o único item curricular da grande área "literatura" no ensino médio. Primeiramente porque três dos cinco séculos de ocupação desta terra pelos europeus foram basicamente portugueses. Dizendo de outra forma: os textos literários aqui produzidos até o século XIX (e que hoje são estudados como "literatura brasileira") foram produzidos ou por portugueses ou por pessoas de formação portuguesa, em língua portuguesa, de acordo com os cânones portugueses. Em segundo lugar porque a exclusão da produção portuguesa do período comum só poderia conduzir, como já assinalara Álvares de Azevedo, ao empobrecimento do pecúlio literário.

Nas hostes nacionalistas há, por conta dessas operações, duas frentes. A mais primária é a constituída pelas várias encarnações do ufanismo, que apenas repete, entre as grandezas da pátria, a da sua literatura. Por isso mesmo, proclama a sua suficiência curricular. A mais sofisticada, no outro extremo, é a que produziu uma formulação clássica: a de que, como literatura, a brasileira é muito pobre, mas é a "nossa" literatura, a que "nos" exprime, e por isso temos o dever de estudá-la, já que, se não o fizermos, ninguém o fará. Ao mesmo tempo, ficar apenas nos limites da literatura nacional (ou nos limites da língua portuguesa) acarretaria uma espécie de má formação, que é o provincianismo de gosto que denuncia logo seu portador. Ou seja, o argumento aqui é que, por fidelidade patriótica, devemos ou chegar ao cânone pela sua versão diminuída ou distorcida, ou, vindo do cânone, estudar o diminuído ou distorcido que nos coube por herança. Em todo caso, o objetivo último parece ser o de proceder ao estudo sistemático de um déficit, talvez como forma de superá-lo, num doloroso processo de autognose.

Nessa redução ao absurdo das reivindicações nacionalistas se delineia o primeiro argumento consistente a favor do ensino da literatura portuguesa. Esse argumento seria construído mais ou menos assim: 1) a literatura de língua portuguesa possui um *corpus* notável, que não é em nada nem pobre, nem menor do que o de tantas outras línguas. De fato, por que deveríamos considerar menor ou provinciana uma série na qual se alinham, entre muitos outros, Fernão Lopes, Gil Vicente, Fernão Mendes Pinto, Camões, Vieira, Garrett, Gonçalves Dias, Álvares de Azevedo,

Camilo Castelo Branco, Eça de Queirós, Machado de Assis, Camilo Pessanha, Cruz e Sousa, Fernando Pessoa, Carlos Drummond de Andrade, Jorge de Lima, Murilo Mendes, Eugênio de Andrade, Graciliano Ramos, Lobo Antunes e João Guimarães Rosa?; 2) o estudo conjunto das obras de língua portuguesa, independentemente do local de nascimento ou produção do escritor, exibiria de modo mais claro as articulações canônicas, permitindo fugir do interesse exclusivo no desvio em relação ao modelo idealizado, bem como levaria a compreender as reivindicações nacionais e nacionalistas como movimentos e representações internas ao cânone, ou como movimentos pela afirmação de variantes canônicas em conflito pela hegemonia; 3) a literatura de língua portuguesa, tomada como um todo, traria para o estudante um exemplário mais amplo de textos, escolhidos em função dos problemas e questões mais relevantes para o estudo das formas históricas da sensibilidade e da língua, e não em função da sua inserção num desenho de construção da nacionalidade, isto é, num desenho gizado pelos românticos com tanto sucesso que ainda pode parecer convincentemente "natural" ou mesmo fatal.

Ou seja, se parece desejável que um jovem estudante forme um bom repertório de leituras valorizadas pelo tempo em que vive, se familiarize com as diferentes formas de sensibilidade ao longo da história e tenha experiências várias de utilização da língua oficial do seu país em textos considerados, ao longo do tempo, modelares, então é mais fácil atingir esse objetivo se ele tiver à disposição um *corpus* de língua portuguesa, e não um *corpus* definido por um recorte nacional.

O recorte nacional, independentemente de sua sobrevivência inercial nos currículos e na estruturação de departamentos, matrículas e bibliotecas, só parece ter hoje interesse como objeto de estudo. E é uma questão interessante a de como essa dada forma de ordenação do passado e de ação sobre o presente se transformou em determinação *a priori*, em parâmetro mais ou menos metafísico, em baliza atemporal para a percepção, seleção e afirmação de textos e questões.

Quem quer que se debruce sobre essa questão, vê-se forçado a refletir também sobre o curioso lugar que a literatura, como instituição, ocupou no imaginário romântico e ainda hoje ocupa no imaginário contemporâneo. Pois se é certo que agora haverá muitos que se sentirão ofendidos com argumentos como os apresentados, parece razoável esperar que a poucos deles ocorreria, se tivessem de decidir qual a ementa de uma única disciplina sobre pintura ou sobre música no ensino médio, que

SOBRE O ENSINO DE LITERATURA

essa ementa obrigaria o ensino exclusivo da história da música ou da pintura brasileira. A menos gente ainda ocorreria, espero, caso houvesse a contingência de criar no ensino médio uma única disciplina chamada "cinema", restringir o currículo ao estudo profundo da história da Atlântida e da Vera Cruz e às "correntes" estéticas que se lhe seguiram, dentro do âmbito estrito do que se poderia definir como formação e afirmação do "cinema brasileiro".

Todas essas considerações não conduzem a acreditar que a "literatura" deva desaparecer dos currículos escolares ou neles ser substituída pela simples cedência ao mercado. Não é preciso que a escola ensine a ler os best-sellers. Para isso, o marketing, a televisão e o cinema têm eficácia bem maior. Tampouco faz sentido, ao ensinar a língua da comunidade, excluir o repositório de usos dessa língua. Pelo contrário, parece-me que um dos papéis fundamentais da escola é tornar as novas gerações capazes de compor vínculos com o passado, isto é, dotá-las de instrumentos de apropriação do passado no que ele encerra de outro, de diferente em relação à contemporaneidade. No caso, parece importante que a escola permita a criação e a análise dos vínculos do presente com a tradição literária da língua portuguesa e, em última instância, com a tradição de temas e questões que foram construindo, ao longo dos séculos, a autorrepresentação, ainda atuante, do que chamamos de Ocidente.

E agora, depois desse pequeno desvio pelas ponderações teóricas, aparece clara a tese deste texto: a de que, se há hoje pouco interesse ou pouca utilidade no estudo isolado da literatura brasileira, também não há maior interesse ou utilidade no estudo isolado de qualquer "literatura nacional". Não só porque as chamadas literatura portuguesa e brasileira foram, durante séculos, uma literatura comum a ambos os lados do Atlântico, mas também por todos os motivos expostos acima (inclusive os que apontam para o peso ainda determinante da tradição romântica entre nós), a conclusão possível para este texto é a de que, se deve haver uma disciplina obrigatória no ensino médio e no ensino universitário brasileiros, na qual se estude predominantemente o texto literário, essa disciplina só poderia consistir do estudo do conjunto das literaturas de língua portuguesa, entendido como parte significativa do conjunto maior que construímos e denominamos com a expressão "literatura ocidental".

4
NA SALA DE AULA

Quando mostrei o esboço deste livrinho a um amigo com quem sempre discuto os projetos, perguntou-me ele por que eu não falei um pouco sobre a experiência em sala de aula. Creio que tinha deixado esse tópico de lado porque sempre me entediei com longos relatos de caso e principalmente com pessoas que julgavam poder dizer como se dá uma boa aula. Mas, como ele observou, talvez fosse interessante refletir um pouco sobre a experiência concreta, porque dela poderia derivar uma reflexão interessante.

A verdade é que só vejo uma diferença entre uma aula e uma monografia. Penso, como já disse em outra parte, que uma aula de literatura ou de qualquer outro ramo das humanidades é algo muito diferente de uma aula de Matemática ou de Química. Isso porque, a rigor, da forma como vejo, não há conteúdo objetivo a ser transmitido.

Consideremos as seguintes situações. Em um curso de Física, dois professores lecionam, no mesmo ou em turnos diferentes, a disciplina de Cálculo. Em um curso de Letras, dois professores ministram a disciplina sobre o Realismo em literatura. O esperado ideal é que, ao final do semestre, os alunos de Cálculo I, por exemplo, independentemente do professor ou do turno, dominem a matéria: há um conteúdo objetivo, sobre o qual há um esforço comum de transmissão e que será exigido de modo mais ou menos unívoco no semestre seguinte, na disciplina de Cálculo II. Já no caso do curso sobre Realismo, mesmo que a ementa (caso raro) obrigue os professores a abordarem os mesmos autores e as mesmas obras, dificilmente haverá coincidência nas formas de abordagem, na valoração e na interpretação dos textos. A orientação teórica, o método de cada professor, bem como sua perspectiva política, conformam o objeto a seu modo. Como consequência, ninguém espera que os alunos dos dois professores tenham, ao final, aprendido (com didática variável e com empenho diverso) um conteúdo comum, dominado uma competência objetiva, no mesmo sentido que os alunos de Cálculo podem ter.

As diferenças são gritantes de qualquer ponto de vista que se observe essa questão. Numa disciplina de graduação nas ciências naturais, o que se espera é que o aluno seja capaz de operar com conceitos bem definidos. A bibliografia consiste, via de regra, no que chamamos de manuais. Um bom livro-texto supre boa parte das necessidades, e os exercícios e problemas a resolver constituem a maior parte do esforço extraclasse. Já nas ciências humanas, o manual perde a importância na proporção direta da excelência dos cursos: vale a bibliografia selecionada pelo professor e o que se espera é que o estudante seja capaz de buscar mais informações, de modo a ampliar o leque das referências. No que diz respeito ao trabalho extraclasse, o exercício e o problema têm quase nenhum lugar: o que importa é a leitura, a construção do repertório e a reflexão, que, no melhor dos casos, pode levar à descoberta de um caminho próprio de pensamento a partir das indicações do docente.[1]

Por isso acredito que a aula tenha a forma do ensaio ou da monografia, nas ciências humanas, nos melhores casos: uma exposição do

---

1 Aliás, no domínio das Humanidades, uma passagem difícil é a do manual à bibliografia. Como regra geral, a escola de nível médio ainda tem no manual sua forma de organização das disciplinas – o livro-texto, suplementado ou não com pequena bibliografia avulsa. Nos primeiros anos de um curso universitário de bom nível na área das Humanidades (que justamente se caracteriza por não se organizar a partir de um livro-texto), entre os calouros é sensível a nostalgia do manual, da segurança na delimitação do assunto e na sua interpretação, bem como a perplexidade com o fato de que não há uma resposta unívoca e incontestável às suas indagações.

pensamento em progresso, dos caminhos percorridos até uma determinada postulação ou conclusão.

Difere, entretanto, a aula da monografia no sentido de que esta normalmente pressupõe um público de pares e um conjunto de referências partilhadas. Por sua vez, a aula apresenta um desafio maior: é uma monografia que se processa em tempo real, para um público que não só não partilha das referências, mas ainda pode ou contestá-las, ou pedir que sejam atualizadas, expostas.

Daí a surpresa da aula: obrigado a falar para um conjunto de pessoas, a desenvolver em tempo real o pensamento, o professor pode medir a reação, perceber onde a passagem de um conceito a outro foi forçada, onde faltou o chão para o salto do pensamento ou ainda onde estava "falando no automático", isto é, usando o jargão do registro crítico como se isso garantisse entendimento ou adesão.

Nesse sentido, a aula é mais exigente do que a monografia, porque é mais difícil – eu creio – falar em boa-fé para plateias multiformes do que para uma plateia ideal de pares (amigos ou adversários, tanto faz). Por isso mesmo, não creio que a aula seja limitadora. Pelo contrário, no que me toca, foi quase sempre em aulas ou em debates que as intuições mais interessantes se cristalizaram em conceitos ou diretamente em palavras.

Da assunção de que a aula tem a forma-monografia decorre uma conclusão evidente: uma aula deve ter um começo, um meio e um fim. Deve constituir uma unidade. Claro que deve estar vinculada ao que veio antes e ao que virá depois, mas, como monografia, deve possuir unidade, deve ser uma proposta, um capítulo relativamente autônomo.

Disso decorre, para mim, que o conjunto das aulas previstas deva ser pensado a partir de um tema ou um problema, ou um conjunto de temas ou problemas intimamente relacionados. Porque, se não for assim, teremos uma série de conferências (que seriam as sessões, numa disciplina vista dessa forma), e não uma série de aulas de uma disciplina. Quero dizer: do meu ponto de vista, uma disciplina só faz sentido nas ciências humanas se houver unidade entre as aulas. Nem progressão, nem continuidade, mas unidade de perspectiva. E, pela minha experiência, a melhor forma de conseguir unidade de perspectiva é encontrar um tópico, uma questão que possa ser aflorada a cada passo do programa desenvolvido, permitindo que a perspectiva teórica, os métodos de análise, os valores estéticos e os pressupostos culturais do professor sejam testados em diversos objetos e revelem sua capacidade de análise e de síntese.

48 | SOBRE O ENSINO DE LITERATURA

Isso porque não se pode exigir que um professor de literatura, por exemplo, seja adepto desta ou daquela corrente crítica, que tenha esta ou aquela perspectiva teórica. Mas se pode exigir dele que, dentro de sua perspectiva, organize as disciplinas que lhe couberem de modo a dizer algo significativo (desde a forma de entender a literatura) sobre os tópicos exigidos no programa.

Um complicador, no caso das humanidades, é o fato de que é difícil definir conteúdos mínimos. Imagino que deva haver consenso, por exemplo, sobre o conteúdo mínimo de uma disciplina inicial sobre química orgânica ou lógica formal. Além disso, no caso das ciências naturais, parece haver relativo consenso sobre a forma de organização curricular, que repousa em uma base progressiva.

No caso das humanidades, vamos pensar a literatura. Em algumas universidades brasileiras, os programas precisam ser aprovados por uma instância administrativa. Nesse caso, pode haver conteúdo mínimo. Se é Romantismo no Brasil o foco de uma disciplina, provavelmente Alencar e alguns poetas românticos estarão incluídos. Se é Realismo, com certeza haverá Machado. Mas já aqui começa o problema: o curso deve ser panorâmico ou centrado em poucos autores; ou, ainda, centrado apenas em um autor, tendo os demais como coadjuvantes? Qualquer que seja a resposta, uma coisa é certa: dois professores diferentes darão cursos diferentes, mesmo nessa circunstância, porque privilegiarão obras e aspectos diferentes e usarão métodos diferentes de abordagem. Em outras universidades, como a Unicamp, a diferença é ainda mais extremada em relação às disciplinas das ciências naturais, pois no Instituto de Estudos da Linguagem (IEL) não há sequer disciplinas obrigatórias (com exceção de poucas disciplinas de formação de repertório). Os alunos constroem o próprio currículo, segundo suas inclinações. Nenhum deles é obrigado a cursar, por exemplo, "Literatura Brasileira III: Realismo" ou algo que o valha. Na verdade, nem há tal tipo de disciplina. E não há programa mínimo em cada disciplina: há tópicos a orientar o docente e os alunos e o professor faz o recorte que quiser, tanto de temas e autores quanto de bibliografia.

Pode ser que essa liberdade tão extrema como a do IEL tenha efeitos deletérios. E deve ter, pois um aluno pode, sem problemas, sair com um diploma de literatura sem ter feito uma só disciplina sobre Machado ou sobre Rosa ou sobre Drummond – ou sobre tantos outros autores que seriam ineludíveis em cursos tradicionais. E é certo também, em tal estrutura livre, que um professor possa passar a vida a dar cursos sobre um só autor ou problema ou mesmo sobre um só livro. Mas esse não é um defeito da forma de organizar o curso, pois tal docente, se obrigado fosse a dar cursos sobre outros assuntos, talvez fizesse papel ainda pior do que ensinando apenas aquilo em que se sente competente ou interessado.

Mas o caso extremo do IEL permite ver com clareza um ponto: o que importa para a formação dos estudantes de literatura não é o conteúdo ensinado, o conteúdo mínimo, comum, mas a exposição a formas de pensamento e a maneiras de concatenar conceitos, argumentar, construir narrativas, agenciar provas etc. É por estarem expostos a aulas que são, nos melhores casos, monografias ou ensaios críticos que eles obtêm uma formação que lhes permite, na sequência, conseguir boas colocações em boas universidades. São formados não com base em conteúdos e informações, mas em formas de reflexão e de construção do conhecimento.

Agora talvez se possa imaginar que o que eu tenha a dizer derive principalmente dessa experiência no IEL. Mas isso não é verdade. A verdade é que, para mim, todas as aulas têm o mesmo interesse e, em princípio, o mesmo objetivo: expor a um conjunto de pessoas interessadas um momento de construção do pensamento sobre uma questão relevante.

E foi isso que fiz sempre, desde quando lecionava na escola de nível médio até a atuação na Unicamp, passando por uma universidade federal. Isso porque, se o que importa é refletir em voz alta, tanto faz, no fundo, qual o objeto que se apresente. O mínimo necessário é uma base comum de conversa. E essa pode ser obtida de várias maneiras: ou pela leitura prévia de textos que serão objeto de conversa, ou pela leitura *in loco*, que garante, inclusive, um diálogo mais rico, porque há certeza de compartilhamento da informação básica.

Por isso mesmo, seja qual for o objeto, meu método sempre foi o mesmo: leitura comentada. Amplamente comentada. Poesia, teoria, crítica, tanto faz: um parágrafo de um romance pode revelar uma questão importante e decisiva para o romance inteiro; assim também umas poucas páginas bem lidas permitem compreender a articulação de um pensamento. Com a vantagem de que tudo se faz ali, à vista, na concretude do texto lido, oralizado.[2]

---

2 Vale dizer que, nessa experiência de pensar e simultaneamente expor o pensamento em voz alta a alguém, são muitos os *insights* críticos que talvez não

Para mim, essa sempre foi "a aula": aquela sessão em que o pensamento pôde fluir, em que um conhecimento pôde ser construído, exposto e testado. Quando isso não acontecia – e sucede de não acontecer – a mágica se quebra: aquela aula não é "aula", é apenas um fracasso – ou, quando há otimismo, um intervalo, uma preparação, um anúncio, talvez, do que virá.

Não exagero ao dizer que quase todos os textos que escrevi têm a ver com aulas. A maior parte nasceu durante a preparação de cursos. Na Unicamp, quando lá trabalhei, os docentes davam aulas na graduação semestre sim, semestre não. Durante o semestre-não, era possível que nos dedicássemos muito à preparação do curso do semestre seguinte. E foi nesses longos períodos de aprendizagem e estudo sério que ou escrevi ou preparei as bases para muitos artigos e livros.

Mas há também outro tipo de texto que sempre me atraiu e que, no fundo, tem a ver com o ensino: o texto dirigido a uma plateia, digamos assim, estudantil. Eram aulas também, em certo sentido, porque não pressupunham nem um público totalmente leigo, nem um público altamente especializado. E creio que foi nesse tipo de texto – o que se encontra nos prefácios que fiz para a coleção Clássicos Ateliê – que encontrei maior realização.

Outro ponto que julgo importante sublinhar é que as aulas constituem o espaço da melhor aprendizagem, que é a aprendizagem por absorção de uma forma de pensar e construir os argumentos. Tive a sorte de ter excelentes professores. E a coragem de imitar a todos, no que eu os achava admiráveis e imitáveis, até formar, a partir desses vários prismas, meu próprio binóculo e meu próprio microscópio. E gosto de pensar que, como professor, fui e tenho sido um amálgama daquilo que de melhor me foi dado e de que aproveitei no limite da minha capacidade.

---

ocorressem em outra situação. É já, nesse sentido, lugar-comum dizer que a gente aprende muito quando ensina. A necessidade de articulação, de clareza e de persuasão – que também comparece na escrita ensaística, mas pode ficar obliterada pela facilidade do jargão e pela suposição de compartilhamento de referências e opiniões – está presente em cada momento da aula, e isso não é um fator desprezível na forma do discurso e na produção de *insights*. Muito pelo contrário: é algo que pode tanto intimidar quanto estimular – mas que sempre atua decisivamente sobre o professor.

Por isso mesmo, não tive outra resposta quando alunos me entrevistaram, por conta de um trabalho a ser feito no curso de pedagogia: "Como o senhor acha que o aluno aprende?" "Por imitação", eu disse. E soube que fui execrado naquela outra faculdade. Mas é o que penso ainda hoje, a partir da minha experiência. Se fui um bom professor, e acho que fui bastante razoável, o fui porque imitei o que de mais interessante encontrei em cada professor que tive, até poder me formar e ter meu próprio jeito de estar ali na frente, conversando a cada ano com um grupo diferente de pessoas interessadas em literatura.

Há em tudo, entretanto, o bom e o mau. Essa tendência à imitação me parece constitutiva do processo de aprendizagem, mas é ruim quando se fixa em um único modelo. E, da mesma forma que devemos temer o homem de um só livro, devemos nos compadecer do estudante de um só modelo.

Sobre isso me manifestei várias vezes em sala de aula: sobre a transformação dos estudantes ao longo do curso. E por isso sempre preferi dar aulas nas turmas iniciais, quando havia seriação, e nos cursos introdutórios, quando a seriação acabou. Porque uma coisa sempre foi evidente para mim: a maior parte dos estudantes chegava à universidade cheia de entusiasmo pela literatura. Eram leitores animados e muitos eram pretendentes a poetas ou prosadores. Poucos, verdadeiramente, pensavam em ser críticos ou professores. Ao longo dos anos, porém, sucedia a desgraça: o entusiasmo diminuía, a pressão pela definição profissional aumentava e muitos – muitos mesmo – deixavam de ser interessantes. Eu lhes dizia: estão ficando terrivelmente parecidos conosco, com os professores! E de fato em toda parte, nos anos avançados, era possível reconhecer à primeira vista o modelo: na forma de falar, na referência teórica fatal, no jeito de dispor o corpo e até nos cacoetes ou mesmo na gagueira estratégica, diante de uma questão nova.

Mas aqui já não se tratava da forma da aula, nem da real experiência do conhecimento particular que ela propicia. Mas da pressão para a especialização precoce, da competição pelas bolsas de estudo, numa profissão sem perspectivas, e, claro e principalmente, da preguiça mental. A aula, em si, como exercício de pensamento e teste de uma forma de estar no mundo e na literatura, não tem responsabilidade nisso.

5
AVALIAÇÃO DO MÉRITO E CRISE DAS HUMANIDADES

O lugar das humanidades está em crise na estrutura universitária. Para perceber isso, não é preciso consultar nenhuma publicação acadêmica. Basta ler os jornais.

Em toda parte, no espaço de uma década, surgem não só questionamentos, mas propostas concretas para sua diminuição ou extinção. Há poucos anos, o governo japonês recomendou que as universidades tomassem "medidas ativas para eliminar as organizações (de Ciências Sociais e Humanas) ou para convertê-las em áreas que melhor atendam às necessidades da sociedade" (Dean, 2015, online). Em resposta a essa recomendação, cinquenta universidades japonesas eliminaram ou diminuíram drasticamente os departamentos daquelas áreas (Dean, 2015). Nos Estados Unidos, os departamentos de humanidades encolhem ou desaparecem, assim como programas de pós-graduação bem-conceituados (Prose, 2017), e o presidente Donald Trump sentiu-se à vontade para propor o fim do programa de apoio às artes e humanidades (Deb, 2017). No Reino Unido, a situação não parece melhor, como se vê pelos artigos de Marina Warner na *London Review of Books*, nos quais trata da descaracterização do trabalho na área por causa da submissão da universidade à desesperada busca por fundos e da forma de avaliação quantitativa da produção (Warner, 2014, 2015).

No Brasil, a situação é diferente do que parece ocorrer no Japão, no Reino Unido e nos Estados Unidos, dadas a necessidade de formação de quadros administrativos e de ensino, a expansão ainda em curso da graduação e da pós-graduação, e sobretudo ao fato de todas as nossas universidades de ponta serem instituições públicas e gratuitas, sem taxas de espécie alguma.

A situação é também distinta porque as universidades públicas brasileiras não dependem de doações para seu funcionamento e seus administradores são escolhidos entre os professores, comumente a partir de consulta à comunidade. Ou seja, os administradores não são gestores externos com altos salários, capazes de impor de fora para dentro decisões fundadas em argumentos de caráter empresarial. Pelo contrário, os administradores das universidades públicas brasileiras têm compromisso com a instituição de origem e mandato fixo, depois do qual retornam à sua posição no quadro docente. As nossas melhores universidades, inclusive, são autônomas não só na definição de prioridades acadêmicas, mas também na gerência do orçamento e na definição dos cursos e das prioridades de investimentos internos. Isso é decidido em órgãos deliberativos, nos quais há representantes de todas as faculdades e institutos, além de funcionários e estudantes, e nos quais as humanidades têm, portanto, representação proporcional e poder de argumentação política.

Isso não quer dizer que a situação seja tranquila. Neste momento difícil por que passa o país, nas redes sociais aparelhos fascistas clamam todo o tempo contra a destinação de recursos públicos para qualquer atividade relacionada à cultura. E a chamada grande imprensa não age de modo muito diferente no que diz respeito a solapar sistematicamente o que entre nós ainda resiste ao neoliberalismo. Nesse quadro, os cursos da área de humanidades são duplamente criticados, de modo direto ou indireto em vários registros e níveis: desde a acusação rasteira de que se trata de celeiros e estufa de criação de "comunistas" até a afirmação (às vezes rasa, às vezes modalizada) de que esses cursos consomem recursos públicos, mas não se mostram úteis à produção de riqueza.

Além disso, o primeiro ano do governo de Jair Bolsonaro foi marcado pela guerra ideológica e pela campanha sistemática contra a universidade pública e, especialmente, contra as humanidades. Uma campanha que não emana, como as das redes sociais, de um grupo difuso, mas do próprio núcleo do governo, sendo o Ministério da Educação ocupado, ao longo de 2019, por um dos mais truculentos ministros de um governo igualmente marcado pela truculência.

De toda forma, e talvez com exagerado otimismo, não creio que no Brasil, neste momento, as ameaças no âmbito universitário sejam do mesmo porte que as relatadas no mundo anglo-saxão. Entretanto, julgo que há problemas crescentes na forma de inserção acadêmica das humanidades e na sua percepção pela sociedade. Problemas que já respondem pela sua má imagem pública, livremente manipulada pelo governo, e que, a médio prazo, poderão ter consequências relevantes.

É verdade que a situação brasileira tem sua especificidade: trata-se de um país periférico, no qual o ensino público básico é precário, a alfabetização ainda não é uma conquista, a desigualdade social é escandalosa e a instituição universitária teve implantação muito recente. Mas acredito que, justamente por ser um país no qual os investimentos em ensino de nível superior têm sido significativos, no qual as universidades funcionam de modo bastante autônomo e a pós-graduação é subsidiada de modo amplo para estudantes, ficam mais visíveis os fatores internos que originaram ou contribuíram para a sua vulnerabilidade. Quero dizer com isso que talvez, refletindo sobre o que vem ocorrendo no Brasil nas últimas décadas, possamos identificar pontos que nos ajudem a refletir sobre alguns aspectos da crise das humanidades em outros países, inclusive nos mais desenvolvidos.

Por fim, uma última ressalva, que é também a delimitação mais precisa do foco deste trabalho: o que aqui se propõe não é uma reflexão centrada no lugar institucional das humanidades nas universidades no período neoliberal, muito menos um levantamento histórico do que parece ser a constante diminuição desse lugar. É, sim, uma exposição e um questionamento feitos a partir da área que melhor conheço, por nela ter trabalhado por mais de trinta anos numa das melhores universidades do Brasil: a dos Estudos Literários. A expectativa é que ao menos alguma parte do que puder expor a partir desse corte mais estreito e vertical possa servir para dinamizar a reflexão sobre a grande área de conhecimento que denominamos humanidades.

Dito isso, resta explicitar o arco temporal dessa aproximação: o período compreendido entre o momento de plena implantação da ditadura militar dos anos de 1960 e o golpe parlamentar de 2016, do qual decorreu o governo instalado em 2019. Em termos acadêmicos, da reforma universitária de 1968 até o momento em que se começou a

56 | SOBRE O ENSINO DE LITERATURA

implementar um programa ambicioso de expansão do ensino superior, concebido no segundo governo do presidente Lula e intitulado de Programa de Apoio a Planos de Reestruturação e Expansão das Universidades Federais (Reuni). Esse programa tem sido objeto de amplo debate, que não será apresentado aqui, porque não teve ainda grandes implicações na conformação das áreas, nem no funcionamento delas no interior da universidade. E talvez nem seja levado a cabo, na conjuntura atual.

A reforma de 1968 modernizou a universidade brasileira e lhe deu, em traços gerais, o desenho que mantém até hoje. De fato, extinguiram-se ali as cátedras, definiu-se a estruturação acadêmica por departamentos, determinou-se que a titulação e os exames formais seriam os critérios de admissão e progressão na carreira docente, bem como se estabeleceu a indissociabilidade da pesquisa e do ensino ("Art. 20 – O ensino superior, indissociável da pesquisa, será ministrado em universidades e, excepcionalmente, em estabelecimentos isolados, organizados como instituições de direito público ou privado"). Data também dessa reforma a definição da autonomia universitária ("Art. 30 – As universidades gozarão de autonomia didático-científica, disciplinar, administrativa e financeira, que será exercida na forma da lei e dos seus estatutos"), bem como a determinação de que os reitores seriam nomeados a partir de listas elaboradas pelos colegiados acadêmicos.[1] Na sequência, enfatizou-se a formação em pós-graduação, por meio de uma política nacional de sucesso, cujos números são eloquentes, e incrementou-se a prática da pesquisa em nível de graduação, por meio do estímulo à iniciação científica.

Ao longo dos quarenta anos seguintes, houve alterações significativas no ensino superior público, como foi o caso do abandono da seriação, gradativamente substituída pelo sistema de créditos com ou sem estabelecimento de pré-requisitos. Mas não houve até o presente nada que alterasse, em termos de uniformização em nível nacional, as diretrizes ali traçadas, pois não tivemos ainda no Brasil nada semelhante ao Processo de Bolonha.

Embora nesse período o sistema de ensino superior brasileiro experimentasse uma grande expansão, as vagas criadas não foram suficientes para atender à demanda do igualmente crescente número de formados pelo ensino médio. Dada a desarticulação do ensino médio com o ensino

---

1 O texto original da lei pode ser consultado em Brasil (1968).

AVALIAÇÃO DO MÉRITO E CRISE DAS HUMANIDADES | **57**

superior, criou-se e fortaleceu-se, desde o período militar, uma instituição bem brasileira: os grandes exames vestibulares. Realizados por instituições que reuniam várias universidades, por áreas de conhecimento, ou pelas próprias universidades, sucediam-se, e ainda se sucedem, ao longo do final dos períodos letivos nos vários estados brasileiros.

A instituição do vestibular – e a diversidade de formas que ele assumiu por regiões e segundo o escopo e a importância das universidades – teve uma consequência que importa considerar quando pensamos o lugar das humanidades na vida social. É que, por meio deles, as universidades de maior expressão exercem (ou exerciam) alguma influência sobre a organização do ensino médio, pautando questões e definindo repertórios de leituras ou assuntos que seriam por elas avaliados na seleção dos candidatos.

Entretanto, uma grande mudança se produziu recentemente e ainda está em curso: a substituição gradativa dos vestibulares autônomos, de alcance amplo ou regional, por um sistema de ingresso homogeneizado em nível nacional, intitulado Sistema de Seleção Unificada (SiSU).[2] Sua base é o Exame Nacional do Ensino Médio (Enem), criado em 1998 como instrumento para elaboração de políticas públicas e utilizado em 2004 para a seleção de candidatos a bolsas de estudos públicas em universidades.

O SiSU tem várias vantagens para as universidades, desde as econômicas, com a dispensa de realizarem elas mesmas os exames de ingresso, até a projeção nacional, pois o sistema permite que alunos de qualquer região concorram a vagas em qualquer universidade federal. Por isso, embora não seja obrigatório, tem sido gradativamente adotado como porta única de acesso ao ensino superior público federal. E sua base, o Enem, vem sendo aproveitado, em medida variada, por universidades estaduais e até mesmo por instituições particulares.

Com a progressiva adoção do Enem, o papel diretor da universidade (que já era limitado) sobre o ensino médio vem perdendo força. Ao mesmo tempo, os alunos que as universidades adeptas integralmente do SiSU recebem são selecionados por um exame elaborado por uma instância centralizadora, de âmbito nacional, que decide de modo autônomo qual o balanço dos conteúdos a examinar – e que estabelece, sem

---

2 Para conhecer as linhas gerais do SiSU, ver: <https://sisu.mec.gov.br/#/#oquee>. Acesso em: 5 dez. 2021.

diálogo com as instituições, o peso relativo das várias disciplinas das humanidades.[3]

Essas considerações vêm aqui a propósito de uma questão que pode ser considerada secundária do ponto de vista intelectual, mas que tem relevo para a constituição e justificação interna das áreas das humanidades. É que o ensino (básico e médio, aí compreendidos também os cursos preparatórios para o vestibular) é o destino majoritário dos egressos das faculdades da área das humanidades. Na verdade, de um ponto de vista estritamente pragmático, é *o* destino profissional previsto para os alunos formados em licenciatura. Sendo assim, mais relevantes se tornarão essas considerações prévias à medida que for implementada a nova reforma do ensino médio, a partir da recentemente promulgada Base Nacional Comum Curricular (BNCC).

É certo que ainda não estão definidos o espaço e a forma de atuação das humanidades na nova ordenação do ensino básico e médio, mas a reforma em curso pressupõe o fim da articulação dos currículos sobre disciplinas obrigatórias. De fato, como se pode depreender da leitura do documento massudo e palavroso de quase seiscentas páginas da BNCC, a espinha dorsal do projeto é prever liberdade na montagem do currículo em cada escola, com ênfase em dois pontos: a apresentação dos conteúdos a partir de aproximações interdisciplinares e a organização do curso numa estrutura bipartida, na qual na segunda metade (três semestres) é exigido que o aluno faça a opção por áreas de interesse – ali denominadas "itinerários".[4]

A BNCC é documento puramente conceitual, um desenho ideal que não discute o impacto de tais alterações na vida da comunidade, nem

---

3 Um exemplo: duas das mais importantes universidades brasileiras, a Universidade de São Paulo (USP) e a Universidade Estadual de Campinas (Unicamp), adotaram a prática de estabelecer uma lista de títulos de literatura que serão objeto de questões nos seus vestibulares – o que teve imediato impacto na organização dos currículos de escolas de ensino médio e na de cursos preparatórios (conhecidos como cursinhos pré-vestibulares). Outro exemplo: a exigência de que a prova fosse dissertativa bem como a existência de uma prova específica de redação, de caráter eliminatório, como no caso da Unicamp, têm tido relevo na definição do perfil de cursos médios de primeira linha no estado de São Paulo.

4 O documento da BNCC se encontra disponível em: <http://basenacionalcomum.mec.gov.br>. Acesso em 5 dez. 2021.

estima os enormes investimentos de infraestrutura e de pessoal necessários à sua plena implementação. Muito menos esbarra na previsão de tempo e de verbas para que se processe a formação dos professores a fim de que possam ter bom desempenho no novo perfil multidisciplinar. Mas o escopo geral da proposta é claro e, sem dúvida, terá consequências imediatas. No que toca às ciências humanas, ao longo de todo o projeto é sensível o enorme peso atribuído às tecnologias digitais e ao funcionamento das redes sociais na formação do aluno do ensino médio – do que deriva a insistência de inclusão de reflexões sobre elas e de inclusão delas em todas as várias competências, além da perda de ênfase na forma tradicional de ordenação do conhecimento em disciplinas específicas.

O lugar das disciplinas de humanidades nesse desenho é incerto e dependerá da realização concreta em cada escola e de qual "itinerário" será preferencialmente implementado.[5] Mas, seja qual for a sua realização concreta, o certo é que tal desenho de currículo básico – que poderá inclusive, na prática e nas condições atuais da escola pública, ter pouca coisa de básico e comum – terminará por produzir alterações significativas no perfil dos egressos dos cursos de humanidades. E, tendo em vista sua próxima implantação, uma questão importante será a configuração do Enem, que hoje é organizado de forma a avaliar o aprendido nas atuais treze disciplinas que compõem o currículo, e terá de optar entre continuar a fazê-lo (o que seria um contrassenso com a estruturação dos cursos segundo vários "itinerários", e terminaria por restringir uma avaliação justa ao conteúdo apenas do primeiro ano e meio) ou organizar-se de modo a poder avaliar também as habilidades desenvolvidas na segunda metade do curso. E, como vimos que o Enem é a base do SiSU na seleção dos estudantes da maior parte das universidades públicas, o que com ele suceder a partir de 2020 afetará decisivamente o perfil dos estudantes recebidos pelos cursos universitários, bem como – a longo prazo – o

---

5 A situação das Letras, nessa proposta, parece menos problemática do ponto de vista da destinação dos formados na universidade do que a dos demais professores de Humanidades, porque a disciplina de Português é uma das duas únicas que atravessarão verticalmente todos os semestres do curso médio e o documento insiste na necessidade da leitura de textos literários e no trabalho multidisciplinar com textos de literatura, desaconselhando o que é a prática comum da redução disciplinar desse trabalho a esboços rudimentares de história literária.

perfil dos egressos das licenciaturas, cujo mercado de trabalho preferencial é o ensino médio.

Ora, nesse quadro, as perguntas pouco simpáticas, do ponto de vista intelectual, mas fatais, quando se trata de justificar o investimento de recursos públicos na grande área de estudos de humanidades, têm sido e serão – mais incisivamente – estas: qual o perfil do profissional que está sendo formado na área, qual o seu mercado de trabalho e qual a sua competência para fazer frente a ele? E ainda: qual a relevância do ensino das humanidades, nos cursos de nível médio, nas condições atuais, para a formação do cidadão?[6]

As perguntas difíceis podem ainda ampliar-se até a pós-graduação, pois essa – além de constituir hoje no Brasil, na área das humanidades, uma das poucas alternativas remuneradas para fugir às más condições de trabalho do ensino médio – é a instância em que se formam os que serão professores de universidades e faculdades, que por sua vez formarão outros professores de ensino médio.

Estas ponderações iniciais, porém, embora tenham relevância prática no dia a dia das disputas por verbas e contratações nas universidades, não constituem senão lateralmente o objeto destas reflexões. Na verdade, creio que o mais importante é perceber que alguns dos principais vetores do enfraquecimento das humanidades, no tempo presente, são internos – ou melhor, derivam da própria forma atual de articulação e justificação do campo de conhecimento – e acredito que é porque esse enfraquecimento se torna cada vez mais claro que se formulam, com agressividade crescente, as perguntas sobre a sua função e necessidade no mundo contemporâneo e, por fim, sobre qual o sentido de nelas investir recursos públicos.

---

6 É certo que a maior parte dos cursos universitários na área de Letras, a não ser em casos específicos, como o bacharelado em Estudos Literários da Unicamp, são licenciaturas, que têm por finalidade principal a formação do professor de Português ou de língua estrangeira. E os Parâmetros Curriculares Nacionais (PCN) têm valorizado a habilidade linguística, no âmbito do que sintomaticamente nomeia "Linguagens, Códigos e suas Tecnologias". Entretanto, nesta apresentação, focamos propositadamente a parte menos passível de ser concebida, nos dias de hoje, como instrumental: a formação literária. A formação linguística obedece a outra dinâmica, justamente por conta da sua valoração como competência básica para a comunicação e o trabalho.

De fato, já decorreu muito tempo desde aqueles anos dourados nos quais a Faculdade de Filosofia, Letras e Ciências Humanas se apresentava como o centro intelectual, o núcleo formador da USP. Hoje nem de longe se pode imaginar tal protagonismo de um instituto de humanidades. Entretanto, a mudança, embora constante, foi lenta, e, ainda na década de 1970 e começo da de 1980, a formação ampla era o objetivo tanto da graduação quanto da pós-graduação nas áreas dos estudos de Letras e Ciências Humanas – e talvez por isso mesmo a avaliação do desempenho dos docentes não era centrada na publicação ou na captação de recursos.

O momento da virada tem, no Brasil, um marco simbólico: em fevereiro de 1988, o jornal *Folha de S.Paulo* publicou a famosa "lista dos improdutivos" – a relação dos docentes que a reitoria da USP apontou como "sem produção científica em 1985 e 1986".

A lista tinha um quê de ridículo, porque entre os "improdutivos" estavam alguns dos mais destacados e reconhecidos intelectuais brasileiros. Mas assinalou de modo claro dois pontos: primeiro, que, até a produção do escândalo, as tentativas de coleta de informação por parte da administração não tinham surtido o efeito esperado nas áreas de humanidades, que permaneciam funcionando da forma tradicional; segundo, que aquela gestão (uma das mais tecnocráticas da USP) estava disposta a usar todos os meios a seu dispor para implementar o controle burocrático e promover a identidade entre produção acadêmica e produção científica medida por publicações – o que logo se tornaria o modo dominante de aferição da qualidade dos cursos nas universidades brasileiras.[7]

No que toca à produção bibliográfica, uma vez definida a nova forma de julgar a produção acadêmica e em resposta às pressões institucionais, os últimos anos da década de 1980 se caracterizam pelo aumento

---

7 Os anos que precederam a publicação da lista dos improdutivos se caracterizaram também pela expansão desenfreada de outro tipo de atividade que permitia avaliação numérica e assim atestava o rendimento da universidade: os cursos e convênios de extensão de serviços à comunidade. Mas o que a concomitância dos dois fenômenos (a subsunção da produção intelectual no material publicado e a ênfase nos cursos de extensão e nos convênios de prestação de serviços) atesta é a perda de relevância institucional da atividade propriamente formativa, em sentido amplo.

SOBRE O ENSINO DE LITERATURA

significativo dos trabalhos publicados.[8] Tal orientação, porém, não deixou de ter custos, como bem observa Maria de Fátima de Paula (2000):

> [...] justamente no ano de 1988, quando se atingiu o maior número de trabalhos publicados, o número de formados nos cursos de graduação foi o menor do período compreendido entre 1982 e 1988. Como o número de vagas oferecidas cresceu em 5% entre 1982 e 1985, era esperado ter-se um crescimento dessa ordem no número de formados em 1988, porém, em relação a 1987, houve um decréscimo de 14% no número de formados.

Para a autora, esses dados sugerem

> [...] que uma avaliação produtivista e quantitativa baseada sobretudo no número de publicações dos docentes não leva necessariamente a uma maior eficiência do sistema universitário como um todo, devendo ser priorizados critérios que levem em conta sobretudo a qualidade e a especificidade da produção acadêmica, segundo as diferentes áreas do conhecimento. (Paula, 2000.)

Essa é uma reivindicação antiga e até há pouco tempo muito reiterada na área das humanidades: o respeito à especificidade. E a crítica recorrente, que quase sempre a acompanhou, é também esta: os critérios de bibliometria não trabalham a favor do aprimoramento da área, antes, pelo contrário, a enfraquecem. E creio que esse é um ponto importante, que merece a melhor atenção, seja pela recorrência, seja porque de fato a predominância dos critérios bibliométricos na avaliação da produção acadêmica parece ser um caminho sem volta em toda parte. E porque, como espero mostrar, as formas de avaliação da produção individual e institucional têm implicações diretas na configuração da área e no perfil intelectual dos egressos dos cursos de humanidades.

Comecemos então pelas considerações mais gerais.

---

8 O que parece, à primeira vista, dado o aumento progressivo do número de trabalhos publicados ao longo do período em que a USP incentivou ou exigiu essa atividade, é que a tal lista parece ter sido a cartada decisiva para impor, em lugares resistentes, um *modus operandi* que já dominava a universidade.

O QUE SE MEDE, QUANDO SE MEDE A PRODUÇÃO ACADÊMICA?

É uma pergunta aparentemente banal, mas da maior importância. E, para maior clareza, creio que deve ser acompanhada de outra, que não parece menos: para que se mede a produção acadêmica?

No Brasil, a medida pode ser de um coletivo – no caso de um programa de pós-graduação – ou de um indivíduo – no caso de um exame de currículo para concurso ou promoção na carreira. No caso do indivíduo, a segunda pergunta tem uma resposta óbvia: para avaliar se o sujeito está apto a ocupar um determinado posto. No caso do conjunto, para dimensionar os recursos de infraestrutura e de bolsas ou até mesmo para decidir a extinção de um programa.

Mas, tanto no caso da avaliação do coletivo quanto no caso da avaliação do indivíduo, o que é privilegiado é a produção bibliográfica. É verdade que a prática docente conta, bem como a organização de eventos e a participação neles, a elaboração de projetos ou a captação de recursos. E também é verdade que, no caso de um programa de pós-graduação, o fluxo, o prazo de integralização, as ações de internacionalização e intercâmbio contam. Mas o que sobressai e de fato dá a medida do merecimento é a produção bibliográfica. De modo que, na proposta de indissociabilidade da pesquisa e do ensino (em alguns casos, do ensino, da pesquisa e da extensão), a responsabilidade maior pela excelência recai sobre a pesquisa e a publicação de resultados.

Por isso mesmo, é importante observar as diferenças entre as humanidades, por um lado, e as ciências exatas e biológicas, por outro, no que toca à forma de construção, divulgação e avanço do conhecimento. E também, o que é pouco considerado, quanto ao ritmo de incorporação e de obsolescência da informação nova.

Comecemos por este último ponto. Quando um aluno de pós-graduação de Química ou Biologia vai definir um projeto de pesquisa, o leque temporal da bibliografia a cobrir é usualmente de cerca de cinco anos (ou, quando muito, de dez). Isso quer dizer que se acredita que, se algo de relevante foi revelado sobre o seu assunto antes desse prazo, é quase certo que tenha sido incorporado na bibliografia subsequente. E, como o progresso do conhecimento é veloz, a obsolescência é igualmente rápida, mesmo que tenha um ritmo diferente em cada campo do conhecimento das ciências duras. Daí que a crítica mais razoável à eleição do Fator de Impacto como indicativo da qualidade de um artigo seja

64 | SOBRE O ENSINO DE LITERATURA

a que afirma que cada área de conhecimento tem um tempo diferente de maturação e que dois anos é um prazo muito breve para o maior número de áreas – mesmo cinco anos parece uma janela estreita para outras. Nesse aspecto, a área das humanidades é realmente distinta: enquanto cerca de 60% dos artigos publicados em periódicos indexados de Física recebem citações nos primeiros cinco anos depois da publicação, apenas 2% dos artigos de artes e humanidades são referidos nesse prazo (Strel, 2005). Isso pode indicar que a maior parte dos artigos de artes e humanidades não apresenta interesse para outros pesquisadores – o que é um ponto que não deve ser desqualificado *a priori*. Mas também pode significar que a meia-vida dos artigos dessas áreas é muitíssimo maior do que a dos artigos das áreas de repercussão mais imediata.

De mais a mais, no que toca à repercussão científica da produção de um intelectual que atua no campo das humanidades, também é preciso considerar que os artigos cujas formulações tiveram significativo impacto na área nem sempre são referidos a partir da sua publicação em periódico. O mais frequente é que o sejam a partir de um livro no qual tenham sido posteriormente reunidos com outros artigos e ensaios do autor. Por outro lado, tão diversa é a área que pode ocorrer que alguns dos textos mais conhecidos e influentes sobre um autor tenham sido publicados em lugares que pouco contam de acordo com a metodologia de avaliação em vigor nas áreas das ciências duras. Em lugares, portanto, não reconhecidos nem mensurados pelas plataformas científicas. Por fim, também é certo que alguns textos publicados em revistas possuem meia-vida realmente assombrosa, bem como é verdade que textos inovadores publicados em volume podem esperar anos pela sua incorporação à bibliografia corrente.

Posso dar um exemplo de cada caso. Quanto ao primeiro, considere-se o clássico estudo de Antonio Candido sobre *O cortiço*: foi redigido em 1973 e, depois de ter duas partes publicadas em periódicos em 1976, foi publicado num terceiro periódico em 1991. Entretanto, praticamente todas as referências a ele se fazem a partir da republicação do artigo no volume *O discurso e a cidade*, lançado em 1993. Como testemunho da sua enorme meia-vida, considere-se que eu mesmo vim a Coimbra, em 2016, para apresentar uma leitura crítica desse ensaio, incluindo na minha apresentação as primeiras versões dele, já velhas de quarenta anos. Para o segundo caso, um bom exemplo é o texto que João Luiz Lafetá publicou como posfácio ao romance *São Bernardo*, de Graciliano Ramos, em 1974, e que ainda hoje é referência na bibliografia do autor:

AVALIAÇÃO DO MÉRITO E CRISE DAS HUMANIDADES | **65**

uma consulta ao Google Acadêmico mostra que esse posfácio tem 111 citações, enquanto os livros de Lafetá *A dimensão da noite* (onde aliás o mesmo posfácio é reproduzido) e *A crítica e o Modernismo* têm, respectivamente, 75 e 22 citações. E há ainda que considerar que textos de grande repercussão podem surgir em jornais e outras publicações não especializadas, só aparecendo em livro anos depois de produzir seu maior impacto no campo. Aqui, entre outros, pode-se referir o artigo "Marco histórico", que Roberto Schwarz publicou num suplemento da *Folha de S.Paulo* em 1985 e dois anos depois – tempo de meia-vida de um *paper* de Física – republicou, no volume *Que horas são?* O ponto aqui é que esse artigo, que tem um papel de destaque na fortuna crítica de Augusto de Campos e nos debates sobre poesia de vanguarda, não seria levado em conta, numa avaliação da produção como a que hoje vigora na área, ao longo dos dois anos em que foi muito lido e debatido, antes de vir em livro. Quanto ao terceiro caso, basta referir um ensaio de Iumna Simon e Vinícius Dantas, intitulado "Poesia ruim, sociedade pior", publicado na revista *Novos Estudos CEBRAP* em 1985, que ainda hoje é referência constante sobre a questão que aborda. Um exemplo do último caso é *O livro agreste*, de Abel Barros Baptista, publicado pela Editora da Unicamp em 2005. Nele veio um ensaio sobre o romance *São Bernardo*, de Graciliano Ramos – o mesmo livro a que se dedica o posfácio de Lafetá, com o qual, por sinal, dialoga Baptista –, que ficou sem referência significativa (contra ou a favor) até que, em 2016, Luiz Costa Lima viu nele uma feliz quebra de paradigma crítico, que permitia inaugurar um novo modo de leitura (Lima, 2016, p.148).

Além desses exemplos, creio que nem precise me referir à quase eterna meia-vida de livros que criaram paradigmas de leitura. Se precisasse, bastaria dizer que, dois anos depois daquele em que estive em Coimbra para discutir o ensaio sobre *O cortiço*, voltei para fazer uma leitura crítica da obra que é talvez a mais presente nas bibliografias de literatura brasileira, o livro *Formação da literatura brasileira*, publicado em 1959 – ou seja, um vetusto volume, quase da minha idade.

Já no que diz respeito à forma de construção do conhecimento, a área das humanidades é também bastante diferenciada das áreas das exatas ou biológicas. É certo que existem disputas de correntes e pontos de vista nas mais variadas áreas de atuação universitária. Nas humanidades, porém, o conhecimento e o progresso dele ostensivamente não se desvinculam dos pressupostos ideológicos, das filiações a paradigmas interpretativos. Por isso é possível, para voltar ao mesmo caso já referido, que se encontrem a cada ano dezenas de trabalhos acadêmicos sobre Machado de Assis nos quais não haja nenhuma referência – ou apenas referência de passagem, sem problematização – aos três livros de Abel Barros Baptista publicados pela Editora da Unicamp. E, se quisermos referir um entre vários exemplos de obliteração bibliográfica por dissensão de base ideológica, basta lembrar que um autor como José Guilherme Merquior muito raramente aparece na bibliografia de ensaios sobre temas aos quais se dedicou com brilho e erudição, provavelmente porque ficou estigmatizado – a partir de uma polêmica em jornal – como um intelectual ligado à ditadura militar. Ou seja, a obsolescência ou a meia-vida de um texto acadêmico dependem de muitos fatores, alguns dos quais pouco ou nada têm a ver com a amplitude da pesquisa, o vigor da reflexão ou a coerência dos pressupostos.

Tendo isso em mente, fica claro que a simples transposição dos critérios de análise da produção acadêmica das ciências naturais para as humanidades é não apenas inadequada como ineficaz, do ponto de vista da aferição da real importância dos textos publicados. Porque, para atender às demandas produtivistas, a saída tem sido a publicação de resultados parciais em periódicos especializados. Entretanto, pensar que, numa área como a dos Estudos Literários, haja sempre resultados parciais a publicar e, principalmente, que seja relevante a publicação desses resultados é um engano pleno de consequências.

De fato, não é só a meia-vida dos textos de crítica literária que é longa, mas também o período de maturação da reflexão. Mais do que isso, não é apenas o resultado – a conclusão de um estudo – que importa. Dados os recortes teóricos em combate e dada a possibilidade de que os objetos de estudo sejam passíveis de aproximações e interpretações contrárias e mesmo antagônicas, o que de fato importa não é a conclusão, mas sim o processo de argumentação, a linha do raciocínio desenvolvida para (quando for o caso) justificar a escolha do objeto e (de regra) para a apresentação e a sustentação de uma hipótese sobre ele.

Por isso mesmo, a forma privilegiada de apresentação tende a ser não o breve artigo de recorte pontual e vertical, mas a monografia, na qual a fortuna crítica é passada em revista e os argumentos se encadeiam de modo a compor um quadro verossímil que almeja a hegemonia.

Num texto apresentado num congresso recente, John Donatich (2017), diretor da Yale University Press, notava:

AVALIAÇÃO DO MÉRITO E CRISE DAS HUMANIDADES | **67**

[...] pesquisando num texto eletrônico, pode-se selecionar o que é importante, cortar e colar, mas se estará lendo coisas fora de um contexto e uma sequência preestabelecidos. Pode ser que se descubra o cerne da questão com mais rapidez, mas se deixará de saber como o autor chegou àquelas conclusões.

A ideia é interessante, mas com um reparo: quando se trata de um texto de crítica literária ou um ensaio (e provavelmente de qualquer área das humanidades) não há como chegar ao cerne de nenhuma questão sem avaliar "como o autor chegou àquelas conclusões". Ou seja, a forma de argumentação, o agenciamento de apoios bibliográficos, a linha do raciocínio – isso é o que realmente importa e pode fazer surgir o que se identificaria como "o cerne da questão", quando não é ela mesma o próprio cerne.

E aqui creio que podemos dar um salto e refletir sobre outra especificidade da área dos Estudos Literários, que talvez seja comum a outros campos de conhecimento na grande área das humanidades: a forma de ensinar, o trabalho em sala de aula. Porque me parece evidente que, no caso da literatura, não há um objeto identificado, que possa ser "transmitido". Diferentemente de uma aula de trigonometria ou de algum ponto de química ou física, não há um conteúdo objetivo unanimemente reconhecido como tal, que possa ser ministrado com maior ou menor eficácia pedagógica. Ensinar o Modernismo brasileiro ou a ficção de Guimarães Rosa é uma atividade que tem pouca semelhança com ensinar cálculo infinitesimal ou um tópico de resistência de materiais.

De fato, a menos que se disponha a distribuir um *digest* de história literária ou a reificar conceitos teóricos, o professor de literatura ensina um modo de pensar. Porque, sem a contraposição ativa de pontos de vista – seja por meio do diálogo real entre o professor e os estudantes, seja pela reprodução por este do diálogo cultural, da história da construção da interpretação –, as aulas têm pouca relevância, já que na bibliografia o aluno pode encontrar visões e avaliações distintas e até opostas do mesmo objeto, segundo o método de abordagem ou clivagem teórica. Na verdade, a própria escolha dos objetos num curso já implica o diálogo entre o passado e o presente, entre a leitura de ontem e a de hoje, ou entre a de hoje e a que se quer construir no futuro.

Dessa forma, uma aula de estudos literários (e creio que também de muitas disciplinas das humanidades) guarda semelhanças com a forma do ensaio ou da monografia. E por isso sempre me pareceu acertado, nos tempos em que a produção não se media e quantificava a cada biênio por meio de textos publicados, que no IEL fossem os professores mais qualificados e experientes os que se dispusessem a ministrar as disciplinas dos anos iniciais da graduação em Letras.

No que diz respeito a esse aspecto, o mesmo sucede com palestras e conferências, nas quais a diferença de perspectiva e o escopo das falas nas áreas de humanidades e nas ciências da natureza é evidente. No campo da literatura, por exemplo, uma conferência é a apresentação e a defesa de um argumento, não de um resultado. Sua forma é mais próxima da monografia e, nos melhores casos, do ensaio do que do relatório de pesquisa.

De fato, chegar aqui e apresentar apenas a página de conclusão de um novo estudo sobre a poesia concreta ou sobre o adultério na obra de Machado é algo inconcebível. A afirmação do lugar novo sempre implica a discussão com o lugar anterior. E não é exatamente no apanhado final que residem o interesse maior e o seu aproveitamento posterior, mas na forma de construção e sustentação do pensamento. Isto é, a afirmação do novo não implica o abandono do velho, mas uma contraposição a ele, a apresentação de uma alternativa, ou a crítica do princípio que o mantinha em pé. Sem argumentação, a afirmação conclusiva é apenas mera opinião ou exercício de autoridade. E é por isso que frequentemente parece tão ridícula a imitação, em simpósios da área, da dinâmica de congressos das ciências duras: os quinze minutos das comunicações não permitem sequer a formulação correta de um problema, quanto mais a apresentação de uma proposta de solução. No máximo, servem à apresentação sumária do projeto.

E, no entanto, temos feito grande esforço para importar para a nossa área as formas de difusão e avaliação da produção intelectual das ciências duras, valorizando sobretudo os artigos em periódicos especializados, indexados, nos quais a seleção é feita por pares. É minha convicção que isso não apenas produz uma avaliação errada do mérito, mas ainda tem promovido uma alteração na forma de funcionamento das humanidades, de consequências graves.

E essa alteração tem sido tão grande – e, em alguns ambientes, tão profunda – que as considerações e definições que acabo de fazer tendem a parecer pouco atuais e podem mesmo ser absorvidas como discurso algo nostálgico sobre um momento encerrado ou que está inapelavelmente condenado a encerrar-se.

Mas continuemos com o diagnóstico.

PROFESSOR OU PESQUISADOR?

Apresentada assim, a questão parece sem sentido. Então não é consenso que o bom professor universitário é aquele que se define e compreende como pesquisador? Por que então formular a alternativa? Em primeiro lugar porque, se o consenso é que um professor deve ser bom pesquisador, não é pressuposto que para ser pesquisador na universidade alguém tenha de ser bom professor. Em segundo porque é evidente, na avaliação das universidades (ao menos nas brasileiras) para a elaboração de rankings dos programas de pós-graduação para recebimento de verbas, a proeminência da pesquisa, avaliada pelos resultados objetivos e sua distribuição ao longo de um eixo temporal. E em terceiro porque a seleção dos docentes para preenchimento de cargos nas universidades de ponta privilegia claramente o currículo de publicações; assim como, ao longo da carreira, as promoções se dão com base no mesmo tipo de avaliação.

Uma consequência desse estado de coisas é que, nas universidades mais conceituadas, a figura do professor se apaga diante da do pesquisador. A atividade em sala de aula, por exemplo, é cada vez mais uma espécie de mal necessário, um tipo de pedágio que se paga para ter acesso à atividade mais decisiva, que é a de pesquisa. E em muitas dessas universidades produz-se um contrassenso: após uma rigorosíssima seleção para contratar um professor/pesquisador, este termina por dedicar-se prioritariamente às atividades de pesquisa e a atuar preferencialmente na pós-graduação, na qual pode dar cursos monográficos, delegando suas aulas nos cursos de graduação a orientandos de doutoramento ou a detentores de bolsa de pós-doc ou de recém-doutor. Ou seja, a ênfase no perfil "pesquisador" tende a deixar em plano muito secundário a atividade propriamente formativa que se espera de um professor universitário que atue nas humanidades.

Outra consequência da ênfase na pesquisa em detrimento da formação ampla é que nas humanidades também tem havido no Brasil uma enorme valorização das atividades de iniciação científica, sendo crescente o número de bolsas e incentivos ao engajamento em pesquisa dos estudantes de graduação, em detrimento da formação geral na área de concentração e mesmo da formação pedagógica, num sentido amplo e não disciplinar, suposta numa licenciatura. Por fim, no que diz respeito à pós-graduação, também em decorrência da adoção dos mecanismos de avaliação e dos pressupostos que vigem nas ciências duras, reduzem-se brutalmente os prazos para a realização do mestrado e do doutorado, condicionando não apenas as bolsas, mas a própria avaliação do programa ao fluxo e ao tempo médio de titulação.

No caso específico das universidades paulistas – que nisso constituem a vanguarda nacional – há que considerar a atuação muito decidida da Fundação de Amparo à Pesquisa do Estado de São Paulo (Fapesp) na imposição do paradigma tecnocientífico a todas as áreas de conhecimento. E não só pela atuação indireta com a imposição de prazos, na desvalorização do mestrado e no incentivo ao doutoramento direto, mas, de modo muito mais eficaz, por meio da destinação de recursos vultosos à promoção de um modo específico de trabalho: o do laboratório gerido por um pesquisador de ponta, que chefia uma equipe de pessoas em graus diferentes de competência.

A Fapesp tem feito isso por meio da priorização do que denomina Projetos Temáticos. Tais projetos, de caráter interinstitucional, não apenas recebem financiamento para infraestrutura de pesquisa, mas ainda cotas de bolsas de estudo (ou melhor seria dizer: bolsas de pesquisa) em vários níveis acadêmicos: bolsas de iniciação científica, de doutoramento direto, de pós-doutoramento e ainda auxílio a jovens pesquisadores. Diferentemente das bolsas individuais, que são submetidas pelos orientadores e avaliadas por meio de assessora *ad hoc* anônima, as bolsas por cotas são atribuídas diretamente pelo pesquisador que integra a equipe diretiva do projeto temático, bem como a sua avaliação e eventual suspensão por mau desempenho. Isso dá origem a uma enorme concentração de poder acadêmico e mesmo financeiro nos tipos de projetos e nas formas de trabalho mais adequadas ao trabalho em grupo, normalmente pesquisas de largo espectro, nas quais a coleta e o processamento de dados constituem uma parte essencial. E, para todos os efeitos de avaliação da produção acadêmica, da forma como ela tem sido feita desde o nível individual ao nível coletivo, os projetos temáticos apresentam vantagens, pois não só dispõem de verbas para realização de congressos e publicação de resultados, mas ainda permitem a difusão de outro indicador de produtividade, que é justamente a capacidade do docente de angariar recursos externos para investir na instituição – salas, laboratórios, instrumental de pesquisa, material de consumo. Onde, porém, se nota de imediato uma alteração da forma de organização do campo intelectual das humanidades nas universidades paulistas é no que toca ao poder de atribuição de bolsas.

AVALIAÇÃO DO MÉRITO E CRISE DAS HUMANIDADES | **71**

A Fapesp evidentemente não é a responsável pela especialização precoce constatada em toda parte, e mais agudamente numa universidade de pesquisa, como a Unicamp. Muitos são os fatores, como viemos expondo. Mas a Fapesp é sem dúvida um poderoso reforço local a uma tendência geral.

Por fim, há que considerar ainda que, como o sistema de créditos permite que os currículos sejam montados pelo estudante, é cada vez mais comum a figura do especialista prematuro, que ignora tudo que não tenha alguma relação com o trabalho para o qual obteve a bolsa de IC. Na verdade, não é difícil encontrar hoje, na Unicamp, estudantes que passam a graduação inteira focados num só tema, autor ou aspecto de um problema diretamente vinculado ao projeto de pesquisa do seu orientador. E é cada vez mais comum que esse estudante, quando inicia – a maior parte das vezes com o mesmo orientador – seus estudos de pós-graduação, ainda sem ter adquirido um repertório de leituras e referências significativo na sua área de atuação, faça apenas um aprofundamento vertical no campo em que já vinha trabalhando.[9] E é quase fatal que o recém-doutor, formado dessa maneira, continue a concentrar os seus estudos à volta do tópico ou tema em que foi iniciado nos primeiros anos da graduação. Por fim, não é descabido imaginar que, dado o papel formador e exemplar que a universidade paulista desempenha no campo das humanidades, essa alteração no seu *modus operandi* – decididamente apoiada pela Fapesp – terá, a médio prazo, graves repercussões na constituição do quadro de poder e representatividade intelectual no restante do país.

No momento, já é evidente entre nós, no convívio diário das bancas e dos congressos, o crescente número de doutores e jovens professores universitários na área de Letras (e é provável que algo homólogo suceda em outras áreas) cujo conhecimento de literatura e cujo repertório cultural se restringem estritamente a algum autor ou recorte temático específico, ou ainda a um século ou mesmo algumas décadas. Mesmo assim, dentro desse foco estreito, apenas ao imediatamente utilizável para responder às pressões para escrever artigos, participar de congressos e

---

9 Entre os vários sintomas da especialização precoce, um dos mais visíveis – ao menos na Unicamp, onde as turmas são pequenas e o incentivo à pesquisa é grande – é o fato de que, não importa quem se convide para proferir palestras, sobre qual tema for, tem sido cada vez mais reduzido o público que comparece.

elaborar projetos e mais projetos que lhes possam garantir ao longo do tempo bolsas e sucesso na busca de um posto universitário ou de uma progressão na carreira. E é bastante provável – dadas a dinâmica e a produtividade acentuada da especialização precoce – que os cargos acadêmicos preenchidos por concurso nos vários estados da federação sejam ocupados principalmente por pessoas altamente especializadas, sem repertório de leituras literárias ou teóricas fora do seu campo direto de atuação. Ou seja, por profissionais identificados cada vez mais como "pesquisadores" do que como professores.

Tendo em vista esse quadro, talvez não seja impróprio entender que uma das decorrências da conjugação das formas de avaliação e das mudanças na forma de organização do campo de conhecimento seja, a par da especialização limitadora produzida pela vinculação precoce a projetos coletivos, a proliferação recente na área das Letras de jovens doutores que se definem apenas como teóricos ou professores de Teoria. Não sendo "um campo coerente de pressupostos, metodologias, crenças ou preferências ideológicas aplicáveis a um objeto de estudos", ou seja, não sendo uma nova teoria da literatura (Bellei, 2016, p. 2), e sim "um conjunto ilimitado de escritos sobre tudo o que existe sob o sol, desde os problemas mais técnicos da filosofia acadêmica, até as diferentes formas como as pessoas falaram e pensaram sobre o corpo" (Culler, 2016, p. 84), a Teoria tem a vantagem de gerar uma notável profusão de textos que se comentam entre si e que se destinam principalmente à comunidade de autores da própria Teoria. Dessa maneira, a Teoria termina por ser, mesmo quando a critica, uma resposta eficiente à demanda produtivista, pois sua forma preferencial de difusão é o artigo especializado, no qual se fala sobre um objeto a partir de um ensaio de um autor em alta, de última moda, ou a partir de uma ou outra metáfora que se descubra no objeto ou se recolha de autor reconhecido no campo da Teoria (Durão, 2016, p. 22). E é também, pelo seu caráter onívoro, uma consequência e atestado da perda da importância da literatura no conjunto dos conhecimentos universitários.

Tampouco parece absurdo imaginar que as próximas gerações de formados nas faculdades de Letras terão um perfil distinto do que vigora atualmente. As críticas ao cânone, o desmonte das construções ideológicas sobre a literatura e o recorte dos objetos conforme visadas específicas de gênero, classe, orientação sexual, etnia etc. vão ocupando velozmente o espaço anteriormente ocupado pelas formas tradicionais de aproximação e definição do objeto literário: contextualização, recomposição da tradição interpretativa sobre o objeto, erudição para agenciamento de referências. Do que decorre que a formação especificamente literária, baseada nas configurações históricas do discurso literário e no convívio dos textos outrora considerados fundamentais para o domínio do campo, tende a reduzir-se, a perder relevância no que toca seja à competência esperada de um professor universitário, seja – de modo mais radical – à competência desejável para um professor do ensino médio.

Se este esboço parece razoável e se a linha de evolução for a que aqui se desenha, não será de estranhar que se faça sentir cada vez mais no Brasil a pergunta fatal, que já é abertamente formulada em outros países: por que o Estado deveria manter as faculdades de Letras (ou outros domínios das humanidades)? E, se a resposta à pergunta ingênua e bruta "para que serve a literatura?" for aquela que tantas vezes ouvimos como afirmação de singularidade e ato de resistência – a de que "a literatura não serve para nada", exceto para a satisfação e a ilustração pessoal –, qual seria então a justificativa para demandar conhecimento literário dos postulantes a uma matrícula na universidade? E qual o sentido, finalmente, de formar professores de literatura para ensiná-la na escola de nível médio? Já se a resposta for: o que importa é formar professores de linguagens, então o leque de justificativas para a existência e a manutenção de bacharelados em Literatura e programas de mestrado e doutorado em Literatura e Teoria Literária se fecha de modo preocupante.

A mera possibilidade (ainda que inconveniente e talvez alarmista) de se apresentarem tais questões mostra, eu creio, que vivemos um momento crítico para os Estudos Literários no interior da universidade – e com modalizações que não consigo estimar, também para outros domínios de conhecimento das humanidades. Sendo assim, é vital mapear o mais fria e objetivamente possível o estado de coisas, bem como tratar de compreender a dinâmica dos fatores que nos conduziram até aqui.

Entretanto, há ainda alguns aspectos a considerar para fechar o quadro.

A FORÇA DO EXCLUÍDO

Da exposição feita, não se deve concluir que o argumento esteja sendo montado para contestar a necessidade de seleção e de valoração

74 | SOBRE O ENSINO DE LITERATURA

da produção acadêmica. Por conta também da especialização precoce e da ênfase na obtenção de "produtos" (contando aí também as pessoas formadas), vivemos uma época em que brotam de todo lado teses e mais teses de doutoramento, artigos e mais artigos, revistas e mais revistas. Uma época em que, segundo uma estimativa irônica e plausível, a média de leitura de uma tese é de 1,6 leitor, incluído aí o próprio autor.[10] Assim, é imperioso selecionar o que conta, como é preciso valorar o selecionado.

Em todas as áreas de conhecimento e em várias partes do mundo a proliferação dos cursos de pós-graduação e, especialmente, a multiplicação dos doutoramentos têm merecido atenção a partir de dois pontos de vista: a destinação desses doutores e a qualidade da sua formação, em situações nas quais a expansão é muito rápida.

Um artigo publicado na revista *Nature*, em 2011, intitulado "A fábrica de doutorados", procede ao levantamento da situação de vários países em diferentes graus de desenvolvimento e identifica um ponto de coincidência: na maior parte dos casos, o investimento na produção de doutores não encontra respaldo na atuação posterior deles (Cyranoski et al., 2011). Não apenas porque não há, a não ser nos casos da China e da Índia, lugar em instituições de pesquisa para abrigar a maioria dos titulados, mas também porque a maior parte deles termina por atuar no mercado em funções para as quais a formação doutoral não seria necessária. Ao mesmo tempo, afirma-se ali que justamente nesses dois países o nível de formação adquirido num doutoramento não é consistente, em comparação com outros países.

Sintomaticamente, na análise comparativa, o país no qual era boa, em 2011, a relação entre os formados e os absorvidos em posições compatíveis com o grau de formação era justamente aquele no qual não tinha havido nenhum crescimento no número de doutoramentos entre 1998 e 2006. No caso, a Alemanha, onde, aliás, o doutoramento inclui um diferencial, que é o grande tempo previsto para atividades fora do laboratório, na frequência a disciplinas formativas em sentido amplo, como apresentação oral e redação científica. Se a China, a Índia e a Alemanha, por motivos diversos e quase opostos, estão na ponta positiva do espectro – aquela na qual há correspondência entre formação e absorção de formados –, na outra ponta se encontra o Japão, pois ali não só

---

10 A suposta estatística é referida no editorial da *Nature News* de 6 de julho de 2016 (The Past..., 2016).

o sistema universitário encolhe e não absorve os PhDs, mas também as indústrias preferem contratar bacharéis jovens e treiná-los interna ou externamente de acordo com suas necessidades.[11]

Nesses trabalhos da *Nature* obviamente se reflete sobre a situação nas ciências da vida e da natureza. Na área das humanidades, a situação é mais grave, já que em poucas subáreas os doutores são necessários à atividade econômica. De modo geral, o doutor em qualquer ramo das humanidades tem como destinação profissional quase exclusiva a universidade. Entretanto, com a crise que leva à diminuição das matrículas nos cursos de licenciatura e bacharelado, esse destino nos países desenvolvidos parece cada vez mais incerto.

No Brasil, o quadro parece menos dramático, por ainda existir demanda por novos cursos universitários e por doutores que neles atuem. Por outro lado – por conta da pressão produtiva, que diminui os prazos de titulação, e da especialização precoce –, a formação que se espera de um doutor, ao menos na área que conheço melhor, não parece a mais adequada ao mercado preferencial, que é o do ensino superior. De fato, ouvir com muita frequência, numa defesa de doutoramento, elogios à correção da linguagem ou à capacidade de escrita do candidato não parece um bom sinal, pois aquilo que deveria ser pré-requisito passou a exceção digna de registro. E o mais notável é a percepção geral de que o elogio não só não é desprovido de sentido, mas ainda que, o mais das vezes, é um cumprimento ao orientador – a quem coube o duro papel de editor. Outro indicador subjetivo do estado de coisas nas humanidades pode ser obtido na participação de bancas de concurso público para preenchimento de vagas, pois ali vêm à tona com clareza os efeitos nocivos da hiperespecialização, sempre que o ponto sorteado para a prova didática ou de arguição não tem relação direta com o assunto da tese do candidato.

Para perceber de modo mais amplo o que, na crise das humanidades, decorre da sua dinâmica interna, a partir da importação de paradigmas de atuação e avaliação da produção intelectual de outras áreas,

---

11 Embora esteja fora do escopo desta reflexão, vale atentar para o fato de que o enorme crescimento dos cursos de doutoramento está a exigir uma discussão seja sobre a sua função, seja sobre a sua forma de organização acadêmica, incluindo a avaliação por tese, tradicional no gênero. A propósito, pode-se ver um apanhado interessante em McCook (2011).

basta ler o último relatório de avaliação do desempenho dos cursos de pós-graduação em Literatura e Linguística: o que se refere ao quadriênio 2013-2016. Trata-se de um documento elaborado pelo comitê de Literatura e Linguística da Capes (Coordenação de Aperfeiçoamento de Pessoal de Nível Superior), órgão federal que avalia os cursos e, com base nessa avaliação, credencia ou descredencia cursos, bem como lhes atribui conceitos e destina verbas (Brasil, 2017).

Nesse relatório, a questão que aqui interessa se revela de modo mais evidente na forma de valorar atividades outras que não a produção de *papers* e livros. No tocante a estes, o esforço de avaliação – embora bem--intencionado – traz uma profusa confusão de critérios e indicadores, que não valeria a pena referir a não ser como exemplo da dificuldade de estimar o valor dos livros sem lê-los.

Já no que toca ao que aqui interessa, os outros "produtos" da atividade intelectual (ali denominados "produtos técnicos"), o comitê dividiu-os em seis categorias. Se um produto se enquadra na categoria superior, T1, vale 100 pontos. Se se enquadra na última, não vale nada para fins de qualificação. Entre a primeira e a última categoria, distribuem-se as outras com intervalos de 20 pontos. Na figura 5.1 apresenta--se a tabela de, como se diz no documento oficial, "ranqueamento"[12] dos produtos:

Descrição dos estados:

T1
Criação de softwares e aplicativos
Organização de eventos
Relatório de pesquisa conclusivo

T2
Desenvolvimento de material didático e instrucional
Palestra, Conferência, Mesa-redonda

---

12 Os dados se encontram no *Relatório de Avaliação Quadrienal 2017* (Brasil, 2017). A denominação do último estrato parece conter um erro de digitação. Creio que deveria ser, a exemplo de outros estratos assim designados no relatório, TNC (trabalho não qualificado)...

AVALIAÇÃO DO MÉRITO E CRISE DAS HUMANIDADES | 77

T3
Docência em atividade de capacitação (cursos de curta duração)
Prefácio, Posfácio e Apresentação
(Até três por ano)

T4
Assessoria e Consultoria
Apresentação de trabalho em eventos científicos
(Até três por ano)

T5
Participação em veículos de comunicação
(Até três por ano)

TCN
Outros produtos técnicos não mencionados, embora não classificados para o item 4.3
(Produção Técnica), poderão ser considerados qualitativamente em outros quesitos.

Figura 5.1

Impressiona, de imediato, para quem conhece a área, a seleção dos produtos que integram a categoria mais valorizada. Impressiona também a equivalência de comunicação em mesa-redonda e conferência, bem como a não justificada diferença entre fazer uma comunicação em mesa-redonda e apresentar um trabalho em evento científico. Igualmente estranha parece a equivalência entre cursos de curta duração e textos incluídos em livros. De fato, basta lembrar o posfácio de Lafetá, há pouco referido – ou, para mencionar um caso português, os prefácios e posfácios da coleção Curso Breve de Literatura Brasileira, ou, já no Brasil, as apresentações dos volumes da Coleção Clássicos Ateliê –, para perceber o abismo entre o que pode ser a real importância concreta de um trabalho e a sua abstrata quantificação nesse tipo de avaliação. E, por fim, parece um contrassenso considerar que uma conferência seja um "produto técnico", quando a sua publicação posterior, em forma de artigo, passa a ser "produto intelectual"...

Intriga igualmente, nessa forma de ponderar, a limitação de atividades computáveis por ano. Assim, se um docente participar de mais de três eventos científicos, os excedentes não serão computados.

Igualmente, se escrever mais de três prefácios, posfácios ou apresentações. Por fim, entrevistas e participação em debates nos meios de comunicação (suponho que seja a isso que se refira o item 5) terminam por ser limitadas pelo mesmo número, que o documento não justifica.

De modo geral, no que toca à medida e à ponderação, não é necessário muito esforço analítico para comprovar que, ao longo de todo o documento do Comitê de Linguística e Literatura da Capes, é sensível que a importação acrítica de critérios de avaliação de outras áreas produz contrassensos. Mas talvez em nenhum outro lugar isso apareça de modo mais claro do que nesta recomendação feita aos professores e pesquisadores ligados aos programas de pós-graduação:

> Nos últimos anos, trabalhou-se no sentido de mostrar aos colegas o quanto é importante citar os trabalhos veiculados nos periódicos. Isso contribuirá para o fortalecimento da área e para o reconhecimento das pesquisas veiculadas. Só a partir das citações é que se alcançará o impacto esperado. Esse movimento acontece timidamente, mas já é um início, para uma área que até então nunca utilizou índices bibliométricos em sua avaliação de periódicos. (Brasil, 2017, p.5)

A inversão da perspectiva é notável: na área (especialmente na Literatura) os artigos em periódicos não têm a relevância que têm nas ciências da vida e da natureza. Por isso não são lidos e não são citados – ou, o que seria ainda pior, mas é muito improvável: não são citados apesar de serem lidos. Portanto, esse tipo de artigo não parece ter importância para o campo, na medida que não tem impacto significativo ou computável – o que é visto como um problema. Entretanto, em vez de tentar adequar os critérios de avaliação ao real funcionamento da área, o que a comissão propõe é, para levar ao extremo a recomendação, que se promova a citação do que espontaneamente não seria e talvez não precisasse ser citado. E o argumento que justifica a citação programática e pragmática termina por ser apresentado como estratégia para o fortalecimento da área – ou seja, para o fortalecimento da área perante o olhar que julga a referência a artigos de periódicos um fator de dinamismo e vitalidade científica. Restaria discutir ainda, neste caso, as implicações éticas de tal recomendação, na medida em que ela subordina ao interesse da adequação da área aos critérios externos de avaliação a citação de textos – que, num universo ideal, seria justificada somente pela relevância intelectual da referência incorporada.

Enquanto isso, as formas tradicionais de difusão do conhecimento são desvalorizadas nas grades de avaliação – é o caso das conferências, que valem menos do que a organização de um evento (o que indica talvez cálculo baseado no tempo de trabalho braçal), ou dos textos de apresentação de livros, que valem menos do que um programa de computador (talvez pela raridade deste último item na produção docente) – ou ainda no desestímulo (por meio da limitação do número contabilizável) à participação nos debates públicos e na orientação da cultura por meio dos meios de comunicação – justamente o lugar onde as humanidades se podem afirmar e provar seu valor no ambiente social externo à universidade.

Tão grave quanto essa imposição de valores desconectados da prática real é a avaliação dos programas de pós-graduação, igualmente realizada a partir de indicadores cuja relevância e pertinência para a área não se explicam nem justificam. De modo que a impressão da leitura é que indicadores numéricos arbitrariamente definidos podem determinar a interrupção ou a reorientação de todo um campo do saber.

É certo que há coisas que não se medem objetivamente e que talvez nem devam ser medidas, mas também é certo que a medida e a valorização do que é medido deveriam, de alguma forma, corresponder ao que se espera de uma dada área de conhecimento. Porque os esforços nessa área, dado o regime concorrencial a que estão submetidos programas e pesquisadores, tendem a se concentrar no que vale a pena do ponto de vista da avaliação. E o que vale a pena do ponto de vista da avaliação é o que passa a valer a pena *tout court* na área, deixando cair em desuso, ou para segundo plano de investimento de energia, o que não conta. Além disso, há um importante efeito colateral da ênfase no objetivamente mensurável, ao qual ainda voltaremos, mas que vale a pena desde já referir. Um efeito que Robert Cohen formulou de modo preciso num recente congresso realizado pela própria Capes: "o perigo de entender qualidade como apenas o que pode ser medido é que, por extensão, o que não pode ser medido é visto como sem qualidade" (Conferencistas..., 2015).

Ainda como estudo de caso, vale a pena refletir sobre uma consequência recente desse tipo de avaliação, encontrada no mesmo documento de área da Capes: o descredenciamento do doutoramento em Literatura e Cultura Russa da Universidade de São Paulo (USP).

A leitura do relatório da comissão mostra que o curso recebeu avaliação "bom" em quase todos os quesitos, menos em um, o que avalia

80 | SOBRE O ENSINO DE LITERATURA

a produtividade intelectual, no qual obteve, em grau de recurso, a classificação "fraco". Porém, em vez de expor as questões, parece mais adequado reproduzir um trecho do parecer final, porque ele ilustra as questões em pauta, inclusive pela redação algo problemática:

> É relevante destacar que, também, NÃO se cumpre a determinação de haver um mínimo de doze docentes permanentes atuando ativamente no Programa. Considerou-se, também, a baixa produção intelectual, conforme os parâmetros do quadriênio, além do alto tempo de titulação (fragilidade já apontada na própria proposta, mesmo que diante de tentativas de ser superada). Deve se considerar, assim, que as atividades de pesquisa e ensino precisam ser mais bem distribuídas entre o corpo de docentes permanentes e, além disso, que o Programa deve dar maior atenção aos índices de produção definidos pela Área, enfaticamente no que se refere à produção intelectual em periódicos qualificados e à produção dos discentes e egressos, sendo esta última refletida e/ou prejudicada pela retenção dos alunos em termos de tempo de titulação nos dois níveis.[13]

O argumento decisivo, como mostra a ênfase das maiúsculas, é o número mínimo de docentes. Mas a razão para esse número não é explicitada, como também o estabelecimento do número mínimo não leva em conta o quadro de retração da economia brasileira, nem a disputa interna, entre os vários departamentos, por vagas disponíveis. O segundo argumento diz respeito à baixa produtividade, que logo a seguir é identificada exclusivamente à publicação em periódicos qualificados – os mesmos nos quais as publicações não são referidas e cuja necessidade de citação foi há pouco destacada. Sobre esse ponto não creio ser preciso retomar o que já foi exposto, mas talvez valesse a pena acrescentar que, no caso concreto, a prudência recomendaria considerar que, dada a área específica de atuação e abrangência do curso, não é tão pacífico encontrar periódicos interessados ou abertos à publicação, ou que a forma de divulgação dos resultados seja preferencialmente a tradução.

---

13 Observe-se que o documento foi transcrito com exatidão. A redação desse texto, que foi produzido e assinado por uma comissão de doutores escolhidos entre os pares para avaliar a área, é, ela mesma, um bom objeto de análise e reflexão.

AVALIAÇÃO DO MÉRITO E CRISE DAS HUMANIDADES | 81

Os argumentos, um por um, são criticáveis, porém mais importante que a crítica à operação feita a partir dos indicadores numéricos é pensar o que o procedimento oculta ou deixa de considerar. No caso, de imediato o fato de que esse curso não só é pioneiro na sua área no Brasil, mas ainda que é o único na América Latina – o que levaria a refletir mais cuidadosamente, tendo em vista não só a importância intrínseca da literatura russa, mas também o protagonismo crescente da Rússia no panorama mundial, sobre a conveniência estratégica de, em vez de proceder ao seu descredenciamento, reforçar a sua importância por meio de ações concretas como enviar uma equipe para atuar junto ao programa e à universidade a que pertence.

Com o descredenciamento, qual foi a resposta da USP? Contratar mais professores para atingir o número de doze? Desenvolver algum esforço para aumentar a produção dos docentes? Não. Para atender aos critérios quantitativos, a universidade resolveu juntar Língua, Literatura e Cultura Russa com Estudos da Tradução e com Estudos Judaicos e Árabes e ainda com Estudos Linguísticos e Tradutológicos em Francês, para com essa mistura criar um programa denominado Programa de Letras Estrangeiras e Tradução (Letra). E o argumento usado pela USP para proceder a essa fusão é revelador: juntou todos os programas que não atenderam aos critérios da Capes sob o guarda-chuva do programa de estudos "tradutológicos" franceses, que tinha recebido nota 5 na avaliação quadrienal.[14] O que resultará daí é uma incógnita. E pode ser até que as alterações sejam para o bem. Mas o que fica em evidência nesse caso é que a imposição de critérios abstratos e não justificados a não ser por um desejo de emulação com outras áreas do conhecimento pode alterar significativamente a orientação intelectual de um programa de pós-graduação e forçar ao abandono de uma linha de coerência acadêmica, que sequer chega a ser avaliada em si mesma, e muito menos a ser considerada do ponto de vista qualitativo, com a leitura e a consideração dos trabalhos e das teses produzidas.

Seria possível ainda identificar outras passagens que patenteiam, nesse relatório, um esforço enorme e simplista de disciplinar a área de Linguística e Literatura, de modo a adequá-la a um padrão basicamente quantitativo de avaliação, importado das ciências duras. Mas não valeria

---

14 Ver, a propósito, o comunicado oficial da USP, disponível em: http://fflch.usp. br/463. Acesso em: 19 nov. 2021.

a pena, pois os pontos levantados já permitem passar para o que realmente importa, que é não o que uma tal perspectiva inclui como desejável, mas o que ela exclui.

Do meu ponto de vista, o que se exclui na importação do paradigma tecnocientífico é aquilo que poderíamos denominar o caráter didático, em sentido alto e amplo. Não o didatismo dos manuais ou dos programas de computador voltados para o ensino. Mas o didático enquanto esforço de formação e de atuação social: das salas de aula até os grandes auditórios físicos e virtuais. O que se exclui do mérito objetivo, nessa avaliação rasamente produtivista, não são apenas as atividades não publicadas em papel, que determinam e muitas vezes são o principal veículo de consolidação de uma pesquisa relevante, mas também as muitas formas de exercício não acadêmico do papel do intelectual na sociedade.

Antes de passar à discussão e à convocação de casos concretos, talvez valha a pena notar que, no Brasil, a profissionalização do intelectual se deu basicamente por meio de sua inserção na carreira universitária. E que, em função da expansão universitária, tem sido cada vez maior a porcentagem de intelectuais vinculados a ela. Ao mesmo tempo – e também por conta disso – foi-se extinguindo a figura do autodidata, que se valia dos jornais e dos livros para alimentar o debate de ideias, do intelectual não vinculado a uma universidade. E não julgo exagerado afirmar que, neste momento, as formas particulares de definição da hierarquia e do progresso no interior da carreira universitária têm importância decisiva na conformação do campo intelectual.

Nas ciências da natureza, por conta do privilégio da "pesquisa", o perfil dominante é o do especialista, que privilegia o aprofundamento vertical e o discurso dirigido aos pares e coloca sempre sob suspeita o infringir das fronteiras disciplinares em busca de sínteses ou de formulações de caráter geral. E mais desprestigiada ainda é a busca (e conquista) de um público não especializado. Basta lembrar, para ter uma dimensão da suspeita, o fenômeno da "saganização", termo originado do fato de que a Carl Sagan foi negado o ingresso na Academia Norte-Americana de Ciências por conta de ele ter criado a série *Cosmos* e assim se ter celebrizado como divulgador científico. Ou, mais recentemente, o libelo que uma cientista publicou na revista *Science* contra uma sua colega que mantinha, no Instagram, uma página de divulgação da ciência.[15]

---

15 A propósito, ver Barata (2018).

AVALIAÇÃO DO MÉRITO E CRISE DAS HUMANIDADES | **83**

O que é digno de nota, no que toca às humanidades, é que a importação dos paradigmas avaliativos das STEMs (ciências, tecnologias, engenharias e matemáticas na sigla em inglês) trouxe consigo o seu corolário de desprestígio das atividades que não se identificam imediatamente como pesquisa.

O primeiro sintoma foi detectado no que diz respeito à atuação em sala de aula: um curso inovador e pensado como uma série de conferências, no qual e durante o qual se desenvolva a pesquisa de um professor, vale tanto quanto qualquer outro curso. Daí a prática cada vez mais comum de delegar parcialmente ou na totalidade os cursos básicos a pós-doutorandos ou assistentes (TA, do inglês *teacher assistants*), evitando assim o que tende a ser visto como desperdício de tempo e trabalho. Também outras atividades que pareciam fazer parte da vida plena intelectual, como publicar em jornais e revistas de grande circulação e participar de conferências e debates para público amplo, passaram a ter menos importância, a ser preteridas – na economia produtiva do professor – pelas atividades dirigidas a especialistas (cuja forma, por *default*, é o artigo em periódico). Em consequência, o que se observa é um progressivo recolhimento, uma crescente ausência dos intelectuais ligados à universidade dos grandes foros "não qualificáveis" de debate.

Não é possível, entretanto, dizer que esse recolhimento se deva ao desinteresse do público. Pelo contrário, mesmo no Brasil, como têm demonstrado várias realizações culturais, há público – e não pequeno.[16] O que também se pode constatar pelo estrondoso sucesso midiático e bibliográfico de professores como Leandro Karnal e Mário Sérgio Cortella – ambos já devidamente "saganizados" pelos pares. E pela profusão de *blogs*, grupos de Facebook, revistas eletrônicas, canais do YouTube, páginas do Instagram e sites dedicados ao debate sobre literatura, filosofia e outros campos das humanidades.

Talvez seja por conta desse mesmo preconceito que, no ambiente universitário tributário da mitologia da "pesquisa", uma forma de intervenção tradicional na área das humanidades, como a conferência, acabe por ser menos valorizada pelo comitê da Capes do que um "relatório de pesquisa conclusivo" (seja lá o que isso signifique em nossa área)

---

16 Basta lembrar, por exemplo, os cursos da Casa do Saber, em São Paulo; ou os vários ciclos de conferências realizados, há tempos, pela CPFL Cultura, em Campinas.

ou uma atividade de organização de evento. Apenas a destinação, o público, parece fundamentar a escala valorativa, na medida em que por conferência não entendemos necessariamente uma ação no espaço limitado da academia, pois por tradição é um tipo de texto que se dirige a auditórios ampliados, enquanto um "relatório de pesquisa" é por definição um texto dirigido aos pares.

E é provavelmente por considerar que as atividades em sala de aula não gerem conhecimento novo que a criação e a condução de cursos regulares nada contem como atividade científica – a não ser que deem origem a "softwares e aplicativos" ou que permitam o "desenvolvimento de material didático e instrucional" ou, por fim, que tenham escopo instrumental, como se depreende do item "docência em atividade de capacitação (cursos de curta duração)".

Isso, porém, é um contrassenso na área, pois não é preciso sequer remontar a Saussure, ou mesmo referir Lacan, para afirmar que as atividades didáticas podem constituir um poderoso meio de atuação tanto na constituição quanto no desenvolvimento de um campo de conhecimento. Basta observar, por exemplo, que não havia diferenças significativas entre o que ouvíamos numa conferência ou numa aula de um professor como Antonio Candido e o que líamos depois num livro seu, no qual a mesma conferência passava a ser capítulo. Além disso, há muitos outros casos notáveis e contemporâneos, nos quais a forma escrita importou pouco ou nada para a constituição do conhecimento.

De minha própria experiência posso trazer um exemplo concreto: em 1976 fiz um curso de especialização (pós-graduação *lato sensu*) com Alcides Villaça, no qual aprendi muito do que sei de Drummond e de Bandeira e ainda de Machado e de Guimarães Rosa. Ao longo dos anos aquelas aulas frutificaram nas minhas próprias aulas, e também no modo como conduzi meu próprio trabalho crítico com poesia e com a obra de Machado.

Nunca pude ler a dissertação de mestrado de Villaça, sobre a "consciência lírica em Drummond", pois ela permanece inédita em livro e não tem versão digitalizada. Mas também é certo que não me esforcei para isso, pois creio que a absorvi naquelas aulas que foram decisivas para a minha formação.

O mais impressionante, porém, num mundo regido pela compulsão da publicação, é que foi só trinta anos depois da defesa e do ingresso do professor na carreira universitária na USP que surgiu em forma de livro o

AVALIAÇÃO DO MÉRITO E CRISE DAS HUMANIDADES | **85**

que Villaça pensou na dissertação e nos ensinou ao longo dos anos sobre Drummond: um pequeno volume publicado em 2006 – o seu primeiro (e até onde sei, o último) livro de crítica publicado.

É certo que é um caso especial, mas não é de forma alguma um caso único.[17] Não podia deixar de referi-lo, entretanto, como contraponto à valorização exclusiva do artigo ou do livro como meio de criação e difusão de conhecimento. E não só pela importância que teve em minha própria formação, mas também por conta da relevância e do papel decisivo desse magistério na conformação de um campo de conhecimento. De fato, um efeito curioso da publicação tardia é que, como Villaça formou muita gente ao longo de trinta anos de magistério e orientação, as ideias e propostas dos ensaios finalmente reunidos em volume já se tinham multiplicado, como num calidoscópio, em artigos, teses, conferências de seus alunos e alunos de seus alunos. E assim, quando o volume foi publicado, para muitos pode ter sido inclusive algo deceptivo – no sentido de que havia ali pouca novidade. E isso, que talvez seja um problema – de um ponto de vista produtivista –, a mim pareceu um triunfo inegável: não do livro, está claro, mas do intelectual e da sala de aula como lugar de produção e disseminação do conhecimento.

No outro extremo, no que diz respeito à forma de difusão do conhecimento, creio que a escrita intelectual terminou por ser profundamente marcada, no Brasil, pela valorização da especialização e da identificação do discurso intelectual como discurso *inter pares*. Por isso, durante certo tempo não foi incomum, mesmo em magazines e suplementos de jornais, depararmo-nos com textos que traziam à vista as cicatrizes do discurso acadêmico dirigido a público especializado, com linguagem e sintaxe formal, usualmente carregada ou alusiva do jargão da moda. E por isso não é de espantar que esse tipo de texto (por exemplo, os artigos publicados no *Jornal de Resenhas*, de boa memória) não tenha nunca encontrado público significativo, ou que hoje o espaço da crítica e da resenha tenha praticamente desaparecido dos jornais e revistas de grande tiragem, em parte em função do desinteresse do público mais

---

17 Na Unicamp, dois professores que formaram gerações de estudantes (muitos dos quais ocuparam posteriormente posições de destaque na sua área) publicaram muito pouco, ou quase nada, ao longo da vida. São eles Haquira Osakabe e Carlos Franchi, que com certeza não teriam lugar na estrutura acadêmica de hoje.

amplo. Nem que, em contrapartida, no ambiente e nas publicações acadêmicas a escrita desataviada, sem jargão e sem acúmulo de referências tenha caído em desuso ou passado a ser objeto de descrédito por "simplificadora" ou "didática".

Ora, a manutenção de um discurso especializado não é apenas uma eleição de público. É também, volto a insistir, uma exclusão. Não só de um público não universitário, mas também de (auto)exclusão do intelectual do debate mais amplo. Uma recusa a um lugar de atuação e à função formadora, por meio da difusão cultural, que sempre esteve ligada à atividade universitária no Brasil – basta pensar, por exemplo, na crítica de rodapé e nos grandes suplementos literários dos anos de 1950 e 1960.

Outro aspecto a considerar é a presença cada vez mais ampla das formas eletrônicas não mediadas de comunicação. Num tempo em que a diplomacia é pautada pelos *tweets* do presidente da nação mais poderosa, em que uma postagem num *blog* de um reconhecido economista pode ter pesadas consequências para a economia de um país inteiro, e em que publicações livres moldam a percepção de centenas de pessoas que não têm acesso às publicações especializadas, ignorar ou não valorizar a participação de intelectuais de ciências humanas no mundo digital é abrir mão de uma presença pública que as humanidades nunca conseguirão ter por meio de artigos em periódicos e outras publicações especializadas.

É certo que é preciso selecionar. Donatich (2017, p. 125) fez uma observação sensata: na era da internet, "a questão não é quem pode ser ouvido, mas justamente quem deve ser escutado". Na sequência, respondendo à pergunta sobre quem decide que voz deveria elevar-se acima do barulho e ser escutada, termina logicamente por concluir que essa é a função tradicional do editor. Logo a seguir, porém, informa que um estudo interno da Yale mostrou que se perdem em média 10 mil dólares por título publicado. E daí retira a conclusão bastante razoável de que nem tudo merece ser um livro e, portanto, na escolha e no investimento com base em critérios de qualidade, define-se um lugar importante da editora universitária como filtro de qualidade na massa amorfa dos manuscritos multiplicados. Sem dúvida. Há, entretanto, muita coisa que não precisa ser livro, mas merece ser divulgada e pode ter um papel importante na construção de um saber. Especialmente o que circula fora do ambiente da biblioteca especializada e fora do controle da academia.

A internet não é, porém, um universo plano. Na verdade, hoje tudo que é publicado na web já sofre um tipo precário de hierarquização: a que é feita pelos mecanismos de busca a partir do interesse já despertado e do compartilhamento, consubstanciados no número de acessos diretos e indiretos. E é tal a importância do conhecimento aí vinculado que uma pesquisa desenvolvida no campo médico e publicada numa revista tão especializada quanto a da Sociedade Americana de Osteopatia mostrou que, apesar dos erros existentes na definição de doenças e tratamentos na Wikipédia, ela é fonte de consulta não só de milhares de pacientes, mas também de milhares de médicos formados e em formação – entre 47% e 70% dos médicos e estudantes de Medicina (Hasty et al., 2014). Por outro lado, outro estudo mostrou há tempos que a Wikipédia – um trabalho colaborativo, voluntário e anônimo – contém aproximadamente o mesmo número de erros que a *Enciclopédia Britânica* (Giles, 2005). Finalmente, por conta da importância da Wikipédia como fonte de conhecimento e referências, a gigante editora de periódicos científicos Elsevier resolveu não só incentivar os cientistas a participarem da Wikipédia e a corrigir seus erros, mas ainda elaborar e distribuir um manual de orientação de como fazê-lo[18] (Atherton, 2015).

A importância da publicação na blogosfera, portanto, não pode ser desprezada nem diminuída. O que importa é como hierarquizar e qualificar a produção acadêmica aí publicada, para fornecer estimativas de penetração e relevância, em moldes próprios, de modo a integrar avaliações de desempenho de docentes. Que essa tarefa pode ser realizada, desde que isso seja importante para instituições universitárias, é visível, por exemplo, quando se verifica como rapidamente se impôs o Google Scholar como indicador – ainda que por enquanto pouco utilizado – de impacto.

Não parece que no domínio das STEMs essa ação seja urgente. Mas a área das humanidades só teria a ganhar com a qualificação desse universo, porque há hoje muitas formas de publicação de textos de interesse acadêmico e relevância cultural por meio das quais a presença das pesquisas da área pode se fazer sentir de modo mais decisivo na sociedade: um *blog* mantido por um professor ou grupo de professores, por

---

18 Tal manual é fruto de um acordo entre a Wikipédia e a Elsevier, por meio do qual o apoio da editora à depuração dos verbetes é contrapartida à inclusão de links para artigos de periódicos da própria Elsevier, cujo acesso é restrito a assinantes pagos. O que, no ambiente de debates do acesso aberto, não passou sem críticas. Ver, entre outros, Costa (2015).

exemplo; um setor de *preprints* de um periódico; aulas e conferências filmadas e disponibilizadas por uma universidade ou pelo próprio professor ou estudante de pós-graduação; um canal do YouTube dedicado a debates intelectuais; um repositório de textos já publicados por um professor; ou ainda a publicação de artigos e ensaios em revista eletrônica não indexada, mas de grande repercussão na sua área de conhecimento. Tudo isso pode ser medido, avaliado, qualificado. E não vejo motivos para, na nossa área, não o fazer.

Quanto ao repositório, vou abusar mais uma vez do depoimento, já que não conseguiria acesso a estatísticas de outros. É que, quando me lembro de que "apenas 2% dos quase trezentos mil livros editados anualmente vendem mais de cinco mil exemplares" (Donatich, 2017, p.120), e vejo as estatísticas de acesso a textos já publicados em revistas qualificadas ou livros e agora disponíveis no repositório gratuito que venho mantendo, reforça-se ainda mais a percepção de que há algo que não está sendo levado em conta na avaliação do papel formador das humanidades.

E aqui, creio, podemos chegar ao foco deste estudo, no que diz respeito à questão do mérito acadêmico, por meio da consideração da forma complexa como se articulam, em cada área, estes dois binômios, cujos termos não são nem antagônicos nem exatamente complementares: formação/informação e ensino/pesquisa.

Até onde posso ver, é o segundo termo de cada um deles que tem sido sistematicamente valorizado na área das humanidades, quando se importam os paradigmas de mérito das ciências duras. Ora, parece razoável pensar – a partir de tudo que foi exposto – que é justamente da sua capacidade formativa, que se realiza por meio do ensino e do debate no foro público, que as humanidades sempre retiraram sua força. Sim, porque se essa sempre foi a sua especificidade e se ela já teve, no campo do conhecimento, lugar mais relevante, não parece descabido pensar que, em alguma medida, uma coisa provém da outra, ou ao menos se alimenta da outra. Ao mesmo tempo, sabemos que a informação nova, isto é, o dado ainda não entrevisto nem explicado, é rara tanto em literatura como em filosofia ou em história – e que a interpretação, a atribuição de sentido, a releitura são o seu terreno privilegiado de avanços. Vale a pena considerar ainda que, se é verdade que o resultado de uma pesquisa em física ou em química ou em medicina – digamos um *paper* de congresso ou uma comunicação em mesa-redonda – pode eventualmente encontrar leitores fora do círculo dos especialistas, isso não é seguramente a prática. E tampouco deve ser comum nessas disciplinas que a pesquisa em andamento no laboratório possa ser matéria, por exemplo, de um curso de bacharelado ou apresentada a um público leigo, numa conferência plenária. E, no entanto, essa é uma prática frequente no domínio das humanidades.

O que quero dizer, portanto, é que não podemos responsabilizar apenas a administração das universidades, a política anticultural dos governos, ou a visão utilitarista do ensino para explicar a crise das humanidades e sua progressiva desimportância no universo acadêmico e cultural. Há uma parte grande de responsabilidade própria que não se pode eludir. E quando, na busca de sua valorização e respeitabilidade, as humanidades se propõem a corresponder aos critérios de excelência de área de conhecimento e atuação por completo diferentes, não estão ministrando a si mesmas um remédio ou um paliativo, mas um veneno de efeito lento.

No Brasil, ao menos na área que conheço melhor, o horizonte universitário não parece risonho, pois seguramente não será mantido o ritmo de criação de novas universidades públicas pelo interior do país, pois não apenas as que foram criadas demandam recursos significativos para plena implantação, mas as recentes medidas econômicas (principalmente o congelamento dos gastos públicos pelos próximos vinte anos) permitem prever dificuldades crescentes até mesmo para a manutenção do quadro atual.

Se considerarmos agora, além das já referidas mudanças em curso no ensino médio, tudo o que foi aqui referido sobre a dinâmica interna de constituição do campo de trabalho, ensino e pesquisa na área das humanidades, e principalmente a ordenação que a Capes tem dado aos cursos de pós-graduação, talvez não seja exagerado concluir que o resultado de uma conjugação de tais fatores exige, desde já, uma discussão aprofundada do sentido, forma de articulação e orientação dos cursos de graduação na área. E, em consequência, de modo mais mediado, também dos cursos de pós-graduação.

Não parece provável que, a esta altura, se possa reverter a perda de centralidade dos estudos de humanidades tais como eles se apresentam e se articulam hoje, multiplicados em departamentos e institutos relativamente estanques e, nas universidades públicas, centrados na pesquisa – e que provavelmente se mostrarão cada vez mais esvaziados de alunos. Principalmente porque a essa ênfase na pesquisa não corresponde, a não ser em algumas universidades públicas de primeira linha, uma realização efetiva que a justifique. A era de ouro das humanidades parece definitivamente terminada e irrecuperável – e seu futuro, nos moldes atuais, parece pouco promissor. Mas talvez seja possível ainda encontrar formas de administrar o prejuízo, impedir o rumo que parece traçado, recuperar um lugar de algum relevo na estruturação da universidade, bem como uma representação social maior.

Neste momento da vida nacional, não vejo outra alternativa – no interior da universidade pública – que não seja buscar uma difícil (e talvez já impossível) conjugação de esforços para evitar que as várias atividades da área terminem por reduzir-se a atividades e disciplinas de serviço nos cursos voltados para a formação de profissionais de mercado.[19] Até onde posso ver, um caminho poderia ser construído eliminando a excessiva departamentalização, bem como a fragmentação em institutos e faculdades, e construindo núcleos transdisciplinares nos quais as atividades formativas e de divulgação (sim, essa palavra terrível) ocupassem lugar central. Ou seja, para dizer de modo claro: um lugar no qual a pesquisa de certa forma se subordinasse ao ensino e à formação, e não o contrário, isto é: que não mais continuássemos a pensar e tratar o ensino como preparação para a pesquisa. Porém aqui uma ressalva se faz necessária: ao assim valorizar o ensino, o ponto é a formação intelectual no campo de atuação do profissional. A ressalva é essencial, ao menos no Brasil, para que não haja confusões entre essa proposição e a infrutífera pedagogização crescente das licenciaturas, que caminha na direção rigorosamente contrária ao que aqui se propõe.[20]

---

19 A propósito, é curioso notar que houve algum alvoroço quando um cidadão registrou no site do Senado uma ideia legislativa que propunha acabar com os cursos de Humanidades nas universidades federais. Em reação ao registro, uma revista eletrônica de esquerda tentou mostrar o absurdo da proposta. A argumentação do texto, entretanto, caminhou na direção da defesa da utilidade das Humanidades e por isso o autor não encontrou outro argumento para advogar a manutenção do curso de História além da sua utilidade na formação dos economistas. Ou seja, a defesa possível não foi afirmar a importância de um curso específico de História, mas sim de valorizar a disciplina afirmando sua importância para a única área das Humanidades que tem lugar importante no mercado (Drummond, 2018)

20 De fato, nada mais distante do que o que aqui se está sugerindo do que a perspectiva instrumental que justifica e orienta as disciplinas pedagógicas que, no

Evidentemente, uma tal inversão de perspectiva não seria fácil – e talvez nem possa mesmo ser feita. Principalmente por conta da internalização dos paradigmas sobre o que constitui o mérito e da sensação de diminuição causada pela retirada da ênfase na pesquisa. Está claro, porém, que isso seria uma ilusão, pois tal ênfase no papel formativo não significa automaticamente o fim da pesquisa especializada, como não significou quando ainda não se avaliava o professor por meio de *papers* e outros itens atomizados de produção. Ou seja, quando o docente universitário não tinha ainda perdido, como protagonista, o papel de professor.

Brasil ao menos, são necessárias à atribuição do grau de licenciado – pois elas se apoiam não só na pressuposição de que haja receitas didáticas para o bom trabalho em sala de aula, mas também na de que a didática possa ser pensada sem o conhecimento efetivo e aprofundado, sem o domínio de um dado campo de conhecimento.

6
PASSADO EM REVISTA[1]

(MAIO DE 2015)

Você poderia descrever sua relação com livros e literatura na infância e juventude? Lembra-se de alguns dessa época que realmente o tenham entusiasmado?

Minha primeira lembrança de literatura são as leituras de contos breves, adaptados ou não, que meu pai fazia. *O tesouro da juventude*, no meu caso, correspondeu plenamente ao nome. Talvez por conta disso, os livros de que mais eu gostava eram as enciclopédias. Li uma delas, chamada *Trópico*, de uma ponta a outra – o que parece absurdo, mas me deu muita satisfação na época. E havia ainda a *Delta* júnior e uma coleção russa de divulgação científica (*Ciência para todos*) de que gostava muito.

Havia em minha casa dois livros preciosos, que me acompanharam por anos, sem que eu os pudesse entender muito: a *Divina comédia* (presente em toda casa de descendentes escolarizados de italianos) e *Grandes poetas românticos do Brasil* (em quatro volumes encadernados em couro). O primeiro era, na verdade, um livro proibido, por conta das

---

1 Entrevista concedida a Mirhiane Mendes de Abreu, publicada de forma reduzida em *Pessoa – A Revista Que Fala a Sua Língua*. Ver Franchetti, 2015.

grandes ilustrações perversas de Doré. Mas talvez por isso mesmo era o mais desejado na ausência de vigilância. Já o segundo foi mais importante nos primeiros anos e talvez seja nele que tive de fato os primeiros prazeres propriamente literários.

Somente comecei a fazer leitura regular de literatura no final do ensino básico. Livros eram artigos raros nas pequenas cidades do interior. Tive a sorte de ter pais leitores e, por isso, havia em casa uma estante simples, porém razoável, com a Coleção Saraiva quase inteira, muitos livros do antigo Clube do Livro, além de clássicos infantis e da obra de Conan Doyle – que foi, por muito tempo, minha leitura preferida. E outra sorte foi haver em Matão um caminhão-biblioteca itinerante, que uma vez por semana abastecia a mim e aos amigos com alguma boa literatura. Se a isso se somar o fato de que a banca de revista trazia todas as semanas algum livro novo, na coleção Os Imortais da Literatura Universal, da Abril, completa-se o quadro do que foi o universo literário até eu ir para a universidade. Mas o que me entusiasmou, de verdade, foi outra edição do Dante. Uma feita em dez volumes, bilíngue, da sua obra completa, com vastos comentários especialmente na tradução do *Inferno*. Lembro-me de que, ao longo do último ano do ensino médio, vivi mergulhado em Dante – e não só na *Comédia,* mas também no *Vida Nova* e no *Convito*. Estropiava o italiano que eu mal conhecia para sentir a sonoridade, tentava destrinchar toda a informação das notas e meditava sobre a monarquia como se Dante fosse meu contemporâneo...

Você se graduou em Letras e seguiu toda a formação nessa área. Que atrativo o curso de Letras pode oferecer na sua opinião? E, durante a sua carreira, quais foram as suas primeiras dificuldades como professor que poderiam ser compartilhadas com jovens profissionais (construir uma disciplina, seleção de obras, relacionamento etc.)?

Quando resolvi fazer Letras, foi a maior decepção para os meus pais e família estendida. Afinal, ao longo do ensino médio eu me destacara na escola por ter ótimos resultados em Química e Física – e especialmente no que dizia respeito à Matemática. Assim, a escolha da profissão – embora na época não fosse tão desvalorizada e mal paga quanto hoje – foi um choque. Entretanto, escolhi com aquela segurança que só se tem (quando se tem) aos 17 anos. E não me preocupei com nada a não ser com a possibilidade da passar a vida entre livros, lendo e escrevendo.

Um argumento decisivo para a escolha da profissão foi que, naquele tempo, os professores tinham quatro meses de férias, sem aulas. Eu imaginava os prazeres desse tempo "ocioso", dedicado à leitura e à escrita.

Hoje eu sinceramente não sei que atrativos o curso pode oferecer além do prazer de fazê-lo. E, mesmo assim, tenho dúvidas quanto à carga horária e sua distribuição. A mim parece que há pouco estudo da língua escrita, da língua literária e da língua formal. A catequese linguística foi amplamente vitoriosa, do ponto de vista institucional, e a ideia de que é possível ensinar didática independente do conteúdo se combinou a isso em muitos lugares, de modo que sinto que temos formado pessoas com pouca habilidade de escrita e diminuto repertório propriamente literário e cultural.

Penso, por isso, que o curso de Letras vive um momento de aguda crise, na medida em que a literatura não é objeto de estudo sistemático no ensino médio. E como tampouco é objeto de atenção prioritária o domínio da chamada "norma culta", creio que as faculdades de Letras vão ter de repensar muito em breve o tipo de profissional que estão ou não estão formando, e justificar a sua existência e os recursos que nelas são investidos.

Quanto às minhas dificuldades, temo que o relato não ajude muito aos novos profissionais, pois as condições eram tão diversas nos idos de 1975 (quando me formei) que pouco poderia dizer. Exceto talvez que a gente só pode ensinar o que a gente sabe e só pode induzir outros a gostarem de algo se a gente de fato gostar disso. O que tenho visto, cada vez mais, são estudantes de Letras que leem pouco ou não gostam de ler, que escrevem mal ou não gostam de escrever, que se profissionalizam precocemente por meio de bolsas de IC e de mestrado. Que se julgam "pesquisadores" antes mesmo de dominarem um repertório mínimo.

Para esses, as dificuldades serão diferentes das que enfrentei. Também porque quando fui dar aulas no ensino médio a literatura ainda era uma matéria formal e destacada no currículo e ensinar a "escrever corretamente" era um objetivo defensável.

No tocante ao seu trabalho como editor, quando assumiu a direção da Editora da Unicamp, quais eram seus principais alvos e, olhando em retrospecto, qual foi a sua marca na editora?

Eu tinha três objetivos, e acho que consegui – com o apoio de uma ótima equipe e um conselho editorial rigoroso – atingi-los. O primeiro era desprovincianizar a Editora da Unicamp. Quando assumi a direção ela não tinha prestígio, era localista, publicava majoritariamente professores da casa ou coleções organizadas por eles, os livros não eram bem cuidados, e esse catálogo fraco tinha, logicamente, uma presença quase nula nos currículos universitários, bem como nos prêmios e eventos literários. O segundo era melhorar o padrão editorial, seja na qualidade da preparação e correção do texto, seja no que diz respeito ao papel, desenho, capa etc. Por fim, queria que os livros da Editora fossem bem distribuídos e que, tendo qualidade de conteúdo e forma, projetassem o nome da nossa universidade, reforçando o seu lugar de ponta no sistema universitário brasileiro.

Creio que os objetivos foram todos atingidos: ganhamos muitos prêmios, resenhas elogiosas, participamos de inúmeras feiras e bienais no Brasil e no exterior e, graças a isso, vendemos muitos livros e a Editora da Unicamp se tornou autossuficiente, sem demandar novos aportes de verba pública, pois faturava o suficiente para pagar seus funcionários, os custos industriais e os de distribuição.

Foram onze anos de trabalho duro, que inclusive vieram em prejuízo da minha produção acadêmica. Mas foi a parte da minha vida na universidade que me deu mais satisfação e sentido de realização.

Agora vamos falar de sua obra literária. O que despertou em você a vontade de ser escritor e ter uma carreira voltada para a literatura? Quando começou a escrever, você mostrou os originais para alguém, algum interlocutor importante? O que o levou a publicar pouco a pouco seus poemas no perfil de Facebook, construindo uma relação muito próxima com seu público? Essa recepção imediata o agradou?

Eu escrevia, como todo mundo que gosta de escrever, desde muito cedo. Imitava os poemas que lia no livro dos Grandes Poetas Românticos. Depois, continuei a escrever poesia ao longo do ensino médio e da universidade. Como muitos alunos de Letras, também resolvi fazer Letras porque queria ler e escrever e achava que o curso podia me ajudar a escrever melhor. O que foi um engano. Houve, na verdade, certo travamento, de que depois foi um pouco difícil me livrar.

Tive a sorte de ter bons interlocutores, porém, desde sempre. Convivíamos em Matão, à volta dos livros e do xadrez, alguns rapazes empolgados com a literatura e a música. Além dos nossos mestres de xadrez, autodidatas apaixonados por alguma literatura e pela ópera, convivi muito estreitamente com duas pessoas que foram para mim um apoio inestimável, enquanto amigos e parceiros intelectuais. Seguiram também a carreira acadêmica e hoje são profissionais destacados: João Roberto Faria (que está na USP) e Luiz Gonzaga Marchezan (que está na Unesp). Além deles, desde muito cedo abusei da boa vontade do meu pai, que também fazia versos e compunha valsas e jogava um pouco de xadrez.

Quanto ao Facebook, devo começar dizendo que eu gosto de tecnologia. Fui um dos primeiros professores do IEL a usar computador de forma rotineira e não acho que tivesse feito tão rapidamente a edição crítica da Clepsidra se não tivesse montado um programinha para fazer a comparação das variantes (coisa que hoje o Word faz num clicar de mouse...). Comecei usar a comunicação eletrônica quando ainda não havia internet. Havia um sistema chamado BitNet e, para os iniciados, uma rede de físicos, chamada HepNet. Quando finalmente implantou-se a internet, ela não era acessível comercialmente. Não havia provedores. Por isso, junto com Edson Kenji Iura, criei, na velha máquina Turing do Instituto de Computação, uma lista de discussão sobre haicai, que existe até hoje: a haikai-l. Foi um deslumbre aquilo: poder debater em tempo real com gente de todos os cantos e poder publicar os poemas na tela, bem como estudos críticos e avaliação dos poemas ali postados.

Depois, criei uma homepage, sempre me valendo do pioneirismo da Unicamp, antes da difusão geral dos sites e provedores. E publiquei quase todos os meus artigos ali, recebendo retornos bem gratificantes.

Por fim, quando surgiu o Facebook, logo pensei que valeria a pena experimentar algo que não tinha havido antes, que é a possibilidade de não só receber resposta imediata (seja na forma do comentário, da mensagem *inbox* ou do simples "curtir"), mas ainda poder ver um pouco o perfil do público que os poemas iam selecionando.

Foi tão marcante a experiência que redigi um texto sobre a literatura no tempo e nos espaços digitais, que lerei em Coimbra, num curso de que sou assessor e se chama Materialidades da Literatura – e que no começo de maio deverá estar no meu blog.

Creio que passamos por um momento muito interessante: hoje toda a literatura clássica praticamente está acessível a custo quase zero; há máquinas de tradução para ler mensagens e em breve para ler literatura com o original ao lado; há sites e páginas pessoais de escritores e críticos; profusão de fóruns; revistas eletrônicas. E há o Facebook, onde tenho visto mais de um poeta que há tempo vinha sem publicar nada de repente estampar ali verso e prosa e dialogar animadamente com seus novos leitores.

Se isso será bom ou mau para a qualidade média da literatura não sei. Nem me importa saber por agora. Mas observar, sem preconceitos, o que está ocorrendo, isso me interessa muito. Daí que resolvesse fazer eu mesmo a experiência de publicar aos poucos, em primeira mão, o livro que depois sairia em papel, chamado *Deste lugar*.

Você possui algum método de trabalho como escritor? Estabelece o enredo previamente, constrói anotações? Se sim, você arquiva essas anotações? Reelabora o que escreveu? Em que diferem ou como se aproximam sua escrita ficcional, sua escrita poética e seu trabalho crítico do ponto de vista do processo da escrita?

O processo é, em certo sentido, o mesmo. Não escrevo usualmente prosa. Acho a construção de um romance uma coisa muito tediosa. E não gosto muito, eu mesmo, de ler romances. Assim, escrevo algum tipo de narrativa breve. E poesia. Por isso não faço anotações, nem penso em enredo. É a mobilização das palavras que revela as inflexões do pensamento e dos sentimentos latentes.

Também faço mais ou menos assim com textos críticos: leio tudo o que se escreveu sobre o meu objeto, leio e releio o texto ou textos sobre o qual me proponho a falar, anoto as impressões, ficho tudo. Mas é só quando começo a escrever que vejo o caminho que se foi formando, o que eu tinha delineado como interpretação ou crítica sem saber exatamente que tinha feito. É a escrita e a exigência de clareza e concatenação que me mostra o que eu quero dizer, o que eu devo dizer, o que eu descubro que precisava ter dito. Por isso mesmo, os textos custam a exigir escrita. Eu sou muito lento, exasperantemente lento para começar a escrever. E escrevo depois rapidamente – quero dizer, comparativamente ao tempo de espera... E tudo de uma vez, sem plano. Foi assim com meu primeiro trabalho, que foi a dissertação de mestrado: sentei-me à máquina de escrever, pus uma folha, escrevi "Introdução" e prossegui escrevendo até que a forma do trabalho, a divisão em capítulos, os argumentos, se fossem ordenando. O que não coube, pus numa Adenda. E foi sempre assim, para o bem ou para o mal, porque não acho que meus textos sejam melhores ou piores do que a média – mas o tê-los escrito à minha maneira fez deles momentos bons, de revelação. Como quando a gente dá uma aula e descobre, ao falar, que sabia coisas que a gente não sabia que sabia.

Do conjunto da sua obra, qual seu livro preferido? Por quê?

Eu não saberia dizer, quanto aos livros de poesia. Mas, no geral, o livro que mais gosto de ter escrito foi o *Haikai – Antologia e história*. Talvez porque ali se juntaram experiências muito fortes, quais sejam a familiarização com o budismo e com a língua japonesa, a expectativa de construir uma vida minimalista (sou ainda do tempo dos hippies e fui macrobiótico radical...) e uma literatura vinculada diretamente à vida cotidiana. Talvez porque sinta que, com aquela apresentação e notas e com a tradução dos poemas, prestei um serviço à cultura literária do país. Seja por que motivo for, acho que esse será sempre o meu livro preferido.

Você acompanha as críticas e resenhas sobre seus livros? Como gostaria que seus livros fossem lidos?

Não tive tantas resenhas assim. Mas gosto quando os livros são lidos com honestidade. Por isso, as críticas negativas não me aborrecem, quando vejo que foram feitas a partir de uma real experiência de leitura. O mesmo com meus artigos e textos críticos: realmente gosto e fico feliz quando um intelectual honestamente, como fez há tempos o Luís Gonçales Bueno com um artigo que escrevi sobre história literária, apresenta claramente a sua discordância em relação ao que eu pensei. Já não suporto bem o que infelizmente abunda em toda parte: a resenha de orelhada, para agradar ou ofender, e o texto mal-intencionado, que instrumentaliza a crítica para um projeto de poder ou interesse de grupo.

Sua atividade como viajante e sua paixão por moto e estrada são também muito intensas. Você escreve sobre isso, como um diário ou crônicas?

A motocicleta me acompanha há décadas. No último, antes de me aposentar, tive de tirar todas as licenças a que tinha direito. Não pude pedir dispensa delas. Foi então que me dediquei à experiência de, pela primeira vez em muitos anos, passar um deles praticamente sem contatos intelectuais, sem livros, sem conversas sobre livros, sem escrita de textos sobre livros. Vivi um ano delicioso e revelador, que me permitiu ter, sobre o lugar onde vivi por mais de trinta anos, um olhar muito diferente. E o convívio com os muitos amigos motociclistas, as viagens, os pequenos incidentes foram a minha matéria de escrita – paralelamente aos poemas, que nunca parei de escrever. Dessas crônicas motociclísticas resultou um livro de pouco mais de quinhentas páginas, do qual foi impresso apenas um exemplar. E há mais umas trezentas, que darão em breve o segundo volume dessas histórias leves sobre tudo e sobre nada.

E agora vamos à construção de uma hipótese. Se você fosse professor de educação básica, como construiria seu curso de literatura para crianças e jovens? Ou, dizendo de outro modo, de quais princípios não abriria mão para este fim?

Eu não abriria mão do que eu gosto de ler. Porque tudo o que eu poderia mostrar a eles seria o meu gosto, meu entusiasmo. Se perceberem que aquilo faz sentido para mim, é importante para mim, prestarão atenção. Então só poderia fazer o que sempre fiz, em qualquer grau de ensino: leria textos em voz alta, comentaria, mostraria a sua dimensão maior. Não falaria em abstrato de escolas literárias, nem de forma literária. Só de coisas que fizessem sentido dentro da leitura – e isso incluiria certamente questões de língua e de forma. Nunca soube fazer de outra maneira. E sempre funcionou. Não sei se ainda funcionaria. Mas é o que eu acabaria por fazer.

REFERÊNCIAS

AZEVEDO, F. de. *A cultura brasileira*. Brasília: UnB, 1963.

ATHERTON, R. Irked by Wikipedia Errors? Here's How to Fix Them. *Elsevier Connect*, 2 set. 2015. Disponível em: <https://www.elsevier.com/authors-update/story/tutorials-and-resources/irked-by-wikipedia-errors-heres-how-to-fix-them>. Acesso em: 20 nov. 2021.

BARATA, G. Redes sociais precisam ser levadas a sério como espaço de divulgação da ciência. *Jornal da Unicamp*, 27 abr. 2018. Disponível em: <https://www.unicamp.br/unicamp/ju/artigos/germana-barata/redes-sociais-precisam-ser-levadas-serio-como-espaco-de-divulgacao-da>. Acesso em: 19 nov. 2021.

BELLEI, S. L. P. Sobre a estranha morte da Teoria (com tê maiúsculo). In: CHECHINEL, A. (Org.). *O lugar da teoria literária*. Florianópolis; Criciúma: Editora da UFSC; Editora Unesc, 2016.

BOSI, A. (Org.). *Leitura de poesia*. São Paulo: Editora Ática, 1996.

BRASIL. Lei n.5.540, de 28 de novembro de 1968. Fixa normas de organização e funcionamento do ensino superior e sua articulação com a escola média, e dá outras providências. *Diário Oficial da União*, p. 10369, 29 nov. 1968. Seção 1. Disponível em: <http://www2.camara.leg.br/legin/fed/lei/1960-1969/lei-5540-28-novembro-1968-359201-publicacaooriginal-1-pl.html>. Acesso em: 18 nov. 2021.

BRASIL. Ministério da Educação. *Relatório de avaliação quadrienal 2017 – Linguística e Literatura*, dez. 2017. Disponível em: <https://www.gov.br/capes/pt-br/centrais-de-conteudo/20122017-letras-relatoriodeavaliacao-quadrienal-2017-final-pdf>. Acesso em: 5 dez. 2021.

CANDIDO, A. A passagem do dois ao três: contribuição para o estudo das mediações na análise literária. *Revista de História*, São Paulo, v.50, n.100, p.787-800, 18 dez. 1974. Disponível em: <https://www.revistas.usp.br/revhistoria/article/view/132672/128757>. Acesso em: 16 nov. 2021.

CANDIDO, A. Literatura-sociologia: análise de *O cortiço* de Aluísio Azevedo. *Cadernos da PUC*, Rio de Janeiro, n.28, p.121-134, 1976.

CANDIDO, A. *Na sala de aula:* caderno de análise literária. São Paulo: Editora Ática, 1985.

CANDIDO, A. De cortiço a cortiço. In: CANDIDO, A. *O discurso e a cidade*. São Paulo: Livraria Duas Cidades, 1993. p.123-152.

CANDIDO, A. O socialismo é uma doutrina triunfante. Entrevista concedida a Joana Tavares. *Brasil de Fato*, 8 ago. 2011. Disponível em: <https://www.brasildefato.com.br/2017/05/12/morre-o-critico-e-sociologo-antonio-candido-leia-uma-de-suas-ultimas-entrevistas>. Acesso em: 5 dez. 2021.

CHECHINEL, A. (Org.). *O lugar da teoria literária*. Florianópolis; Criciúma: Editora da UFSC; Editora Unesc, 2016.

CONFERENCISTAS problematizam transformações do ensino superior. *Gov.br*, 13 maio 2015. Disponível em: <https://www.gov.br/capes/pt-br/assuntos/noticias/conferencistas-estrangeiros-problematizam-transformacoes-do-ensino-superior>. Acesso em: 19 nov. 2021.

COSTA, R. Wikipédia é criticada por parceria com a Elsevier. *Techmundo*, 18 set. 2015. Disponível em: <https://www.tecmundo.com.br/wikipedia/86703-wikipedia-criticada-parceria-elsevier.htm>. Acesso em: 20 nov. 2021.

CULLER, J. Teoria literária hoje. In: CHECHINEL, A. (Org.). *O lugar da teoria literária*. Florianópolis; Criciúma: Editora da UFSC; Editora Unesc, 2016.

CYRANOSKI, D. et al. The PhD factory – the world is producing more PhDs than ever before. Is it time to stop? *Nature*, n.474, p.276-279, 2011. Disponível em: <https://www.nature.com/news/2011/110420/full/472276a.html>. Acesso em: 19 nov. 2021.

DEAN, A. Japan's Humanities Chop Sends Shivers Down Academic Spines. *The Guardian*, 26 set. 2015. Disponível em: <https://www.theguardian.com/higher-education-network/2015/sep/25/japans-humanities-chop-sends-shivers-down-academic-spines>. Acesso em: 25 abr. 2018.

DEB, S. Trump Proposes Eliminating the Arts and Humanities Endowments. *The New York Times*, 15 mar. 2017. Disponível em: <https://www.nytimes.com/2017/03/15/arts/nea-neh-endowments-trump.html>. Acesso em: 25 abr. 2018.

DONATICH, J. Por que os livros ainda têm importância. In: DEAECTO, M. M.; MARTINS FILHO, P. (Org.). *Livros e universidades*. São Paulo: Com-Arte, 2017.

DRUMMOND, C. O descaminho das humanidades. *Carta Capital*, 8 abr. 2018. Disponível em: <https://www.cartacapital.com.br/economia/o-descaminho-das-humanidades>. Acesso em: 25 abr. 2018.

DURÃO, F. O que aconteceu com a Teoria? In: CHECHINEL, A. (Org.). *O lugar da teoria literária*. Florianópolis; Criciúma: Editora da UFSC; Editora Unesc, 2016.

REFERÊNCIAS | **103**

FRANCHETTI, P. Entre as estantes. Entrevista concedida a Mirhiane Mendes de Abreu. *Pessoa – A Revista Que Fala a Sua Língua*, online, ago. 2015. Disponível em: <https://www.revistapessoa.com/artigo/229/entre-as-entantes>. Acesso em: 5 dez. 2021.

GILES, J. Internet encyclopædias go head to head. *Nature*, n.438, p.900-901, 15 dez. 2005. Disponível em: <https://www.nature.com/articles/438900a>. Acesso em: 20 nov. 2021.

HASTY, R. et al. Wikipedia vs Peer-Reviewed Medical Literature for Information About the 10 Most Costly Medical Conditions. *The Journal of the American Osteopathic Association*, v.114, p.368-373, maio 2014. Disponível em: <https://www.degruyter.com/document/doi/10.7556/jaoa.2014.035/html>. Acesso em: 20 nov. 2021.

HAVIGHURST, R. J.; MOREIRA, J. R. *Society and education in Brazil*. Pittsburg: University of Pittsburgh Press, 1965.

KAYSER, W. *Análise e interpretação da obra literária (Introdução à Ciência da Literatura)*. Coimbra: Arménio Amado Editor, 1967.

LIMA, L. C. Crise ou drástica mudança? Análise de um caso. In: CHECHINEL, A. (Org.). *O lugar da teoria literária*. Florianópolis; Criciúma: Editora da UFSC; Editora Unesc, 2016.

MALLARMÉ, S. Crise de vers. In: MALLARMÉ, S. *Œuvres complètes*. Paris: Gallimard, 1979.

McCOOK, A. Rethinking PhDs. *Nature*, n.472, p.280-282, 2011. Disponível em: <https://www.nature.com/news/2011/110420/full/472280a.html>. Acesso em: 19 nov, 2021.

MELO, A. C. B. de. Pressupostos, salvo engano, de uma divergência silenciosa: Antonio Candido, Roberto Schwarz e a modernidade brasileira. *Revista Alea*, Rio de Janeiro, v.16, n.2, p.403-420, jul./dez. 2014. Disponível em: <https://www.scielo.br/j/alea/a/8hRvBXW4k3nvc9g4BfsGdps/?format=pdf&lang=pt>. Acesso em: 16 nov. 2021.

PAULA, M. de F. de. O processo de modernização da universidade: casos USP e UFRJ. *Tempo Social*, São Paulo, v.12, n.2. nov. 2000. Disponível em: <http://www.scielo.br/scielo.php?script=sci_arttext&pid=S0103-20702000000200013>. Acesso em: 18 nov. 2021.

PROSE, F. Humanities Teach Students to Think. Where Would We Be Without Them? *The Guardian*, 12 maio 2017. Disponível em: <https://www.theguardian.com/commentisfree/2017/may/12/humanities-students-budget-cuts-university-suny>. Acesso em: 25 abr. 2018.

RORTY, R. Consequências do pragmatismo. Trad. João Duarte. Lisboa: Instituto Piaget, [s.d.]. p.220.

STREL, L. O fator de impacto do ISI e a avaliação da produção científica: aspectos conceituais e metodológicos. *Ciência da informação*, v.34, n.1, 2005. Disponível em: <http://revista.ibict.br/ciinf/article/view/1098/1214>. Acesso em: 18 nov. 2021.

THE PAST, present and future of the PhD thesis. *Nature*, v.535, p.7, 2016.

VILLAÇA, A. *Passos de Drummond*. São Paulo: Cosac Naify, 2006.

WARNER, M. Diary. *London Review of Books*, v.36, n.17, 11 set. 2014. Disponível em: <https://www.lrb.co.uk/v36/n17/marina-warner/diary>. Acesso em: 25 abr. 2018.

WARNER, M. Learning my Lesson. *London Review of Books*, v.37, n.6, mar. 2015. Disponível em: <https://www.lrb.co.uk/the-paper/v37/n06/marina-warner/learning-my-lesson>. Acesso em: 20 nov. 2021.

WELLEK, R.; WARREN, A. *Teoria da literatura*. Lisboa: Publicações Europa-América, 1971.

ZILBERMAN, R. A Teoria da Literatura nos bancos escolares. In: CHECHINEL, A. (Org.). *O lugar da teoria literária*. Florianópolis; Criciúma: Editora da UFSC; Editora Unesc, 2016.

SOBRE O LIVRO

FORMATO
14 x 21 cm

MANCHA
24,9 x 42,2 paicas

TIPOLOGIA
Arnhem 10,5/14

PAPEL
Off-white 80 g/m² (miolo)
Cartão Supremo 250 g/m² (capa)

1ª EDIÇÃO EDITORA UNESP: 2021

EQUIPE DE REALIZAÇÃO

COORDENAÇÃO EDITORIAL
Marcos Keith Takahashi

EDIÇÃO DE TEXTO
Maurício Katayama

PROJETO GRÁFICO E CAPA
Quadratim

EDITORAÇÃO ELETRÔNICA
Arte Final

Rua Xavier Curado, 388 • Ipiranga - SP • 04210 100
Tel.: (11) 2063 7000 • Fax: (11) 2061 8709
rettec@rettec.com.br • www.rettec.com.br